1,000,000 Books

are available to read at

www.ForgottenBooks.com

Read online
Download PDF
Purchase in print

ISBN 978-0-331-01804-2
PIBN 11106989

1 MONTH OF
FREE
READING

at
www.ForgottenBooks.com

By purchasing this book you are eligible for one month membership to ForgottenBooks.com, giving you unlimited access to our entire collection of over 1,000,000 titles via our web site and mobile apps.

To claim your free month visit:
www.forgottenbooks.com/free1106989

Pole Poppenspäle

von

Theodor Storm

EDITED WITH INTRODUCTION, NOTES AND VOCABUL

BY

EUGENE LESER

Assistant Professor of German in Indiana University

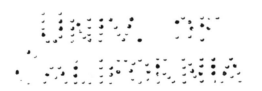

NEW YORK

HENRY HOLT AND COMPANY

1913

IN MEMORIAM

Prof. J. Henry Senger

PREFACE

The text of this edition has been taken from the fourth reprint (78. bis 100. Taujenb) of the special edition,[1] nothing being intentionally omitted except the Begleitwort für Eltern und Erzieher, by H. Wolgast. Evident misprints have been corrected, partly by reference to the seventeenth edition of the fourth volume of Theodor Storm's Sämtliche Werke.[1] I have tried to make the spelling as well as the punctuation as consistent as possible, guided in the former by the eighth edition of Duden's Orthographisches Wörterbuch der deutschen Sprache (1908), in the latter to some extent by the second edition of O. Glöde's Deutsche Interpunktionslehre (Teubner, 1903). In the dialect passages I have added a number of apostrophes to make the reading absolutely uniform (the separate edition has them as a rule, while the other does not have them). I have spaced such words as ein, der, etc., when emphasized, in a number of passages.

I gratefully acknowledge the aid of my former pupil and present colleague, Mrs. Alice Diven Goss, in the definition of words.

It is only fair to state that I owe, consciously or

[1] Braunschweig, Georg Westermann.

iii

M127419

unconsciously, numerous suggestions to the first American edition of $\mathfrak{Pole}$ $\mathfrak{Poppenspäler}$, that of the late Wilhelm Bernhardt. Many articles on Storm and $\mathfrak{Pole}$ $\mathfrak{Poppenspäler}$ were inaccessible to me.

E. LESER.

BLOOMINGTON, INDIANA,
      June, 1913.

INTRODUCTION

THEODOR STORM, as he is now universally called, or Hans Theodor Woldsen Storm, as he was called at the time of baptism, was born on September 14, 1817, at the small but rather important port of Husum on the west coast of the duchy of Schleswig, now part of the Prussian province of Schleswig-Holstein. He was the eldest child of Johann Kasimir Storm, a sturdy and upright lawyer of peasant-stock whose ancestors had been for centuries owners of a mill in the country south of Husum, and of Lucie Woldsen, a beautiful and graceful member of the two patrician families of the Feddersens and the Woldsens, which had furnished, for hundreds of years, the merchants, the burgomasters and other people of rank of the town, and to which the families of the best tradesmen looked up as to their employers and advisers. The boy grew up in rather easy circumstances, neither driven to church nor confined too closely to the school bench, enjoying life in the garden, on the heath and along the sea-shore, and occasionally, in vacation, even in forests. In his native town he formed acquaintance with a host of interesting or even odd characters, some of whom inhabited interesting if ugly buildings.

The classical school (Gelehrtenſchule) which Storm

attended from 1826, after his preliminary schooling, and which had only four classes,[1] was rather old-fashioned and gave him so little insight into German literature that, when a senior, he regarded the name of the then living and popular poet Uhland as that of a medieval minnesinger. The greatest school festivity of the year was coincident with the annual Michaelmas fair (at the end of September; there was another fair about Whitsuntide), when school was dismissed and the boys of the 𝔓rima, or graduating class, after carrying printed invitations from house to house, held their oratorical exercises at the hall of the town house, the school building not having a room large enough for the purpose. This town house itself, with its many lofts, one above another, was a favorite roaming-place of the young scholar, others being the old ducal castle and its park, the hoary St. Jürgensstift, which has provided both the principal scene of action and the title for one of our author's most famous stories,[2] and the weather-beaten Schützenhof, or Rifle-Club House, which plays an all-important part in our story of 𝔓ole 𝔓oppenspäler. As was customary at that time, Storm supplemented the rather incomplete secondary education of his home school by attending the more modern Gymnasium in the old city of Lübeck on the Baltic. There he was brought into living contact with modern German poetry by a school friend who

---

[1] This does not mean that they were classes of one year only.　　　[2] In St. (= Sankt) Jürgen.

also taught him, the beginning poet, to endure criticism and to learn from it. There he became acquainted with Goethe's Fauſt and Heine's Buch der Lieber, and with the works of Eichendorff, whom he was to meet personally later in life.

The life at the University of Kiel in the duchy of Holstein, which he attended from Easter 1837 to study law, was a disappointment to him, as was his attendance for three semesters at the University of Berlin, although we should not forget that an incident on a trip from Berlin to one of the islands of the Havel river furnished the material for an important episode in that story which established his fame, viz. Immenſee, and that a four weeks' sojourn in Dresden and its beautiful surroundings, coupled as it was with visits to its unmatched picture-gallery, its theater and its opera, was a source of considerable inspiration.

A second period of study at the University of Kiel beginning with the fall of 1839 proved to be more agreeable, owing to his intimate connection with the brothers Theodor and Tycho Mommsen, both of whom were to achieve renown in later life, especially Theodor, the universally known historian of ancient Rome. In conjunction with these friends he came to know and appreciate the poet Mörike, whom he ever after revered. With them he planned to edit a collection of fairy tales and sagas of Schleswig-Holstein; the three even wrote a Lieder= buch dreier Freunde.

Having finished his university studies, Storm in 1843 became a lawyer in his native town and pursued that calling without finding it a serious hindrance to his innermost vocation, viz. that of a poet. When he succeeded in winning the heart and the hand of his cousin, Konstanze Esmarch, of Segeberg in Holstein, who made him an excellent wife, his happiness was complete. But the political conditions in his native duchy, which the Danish king tried to absorb into his dominions,[1] became such that Storm, an ardent Schleswig-Holsteiner like his independent father, and a German to the core, went into banishment with his ever-growing family rather than submit to foreign rule and witness calmly the mean truckling to the oppressor by some of his fellow-citizens.

Years of care and anxiety followed. To be sure, the Prussian government gave Storm a judicial appointment as Affeſſor at Potsdam near Berlin, but his was a precarious existence and he had continually to accept aid from his well-to-do father. Notwithstanding the friendships he made in Berlin, where he now met the poet Eichendorff, and where he was appreciated in a circle including such men as Paul Heyse, Kugler, Fontane, Eggers and Pietsch, he never felt comfortable in the "Prussian barracks," as he called Potsdam. And no wonder; he, a liberal of the liberals, who, according to his

---

[1] The king of Denmark was at the same time duke of the two adjoining duchies, Schleswig and Holstein.

own testimony in a letter written home a few years later, declared to a high-born lady at Heiligenstadt that he considered the church and the nobility "the two essential obstacles to a thorough-going ethical development of the nation," was surrounded by military and reactionary Prussians, who, at best, little understood his homesickness for his native town of Husum, to which he ever reverted in thought as in his writings. It was a relief to Storm when, in 1856, he was made a district judge (Kreis= richter) at Heiligenstadt in the Eichsfeld, a territory in the northern part of Thuringia and in the Prussian province of Saxony.

The war of Austria and Prussia against Denmark in 1864 brought the liberation of Schleswig and Holstein from the Danish yoke and the absorption of Schleswig by Prussia. As a Landvogt (or administrator of the country district) Storm was called back to his native town in 1865, but soon after lost by death his faithful companion in exile. In 1866 he married Dorothea Jensen, who had been bound to his wife and sister by ties of friendship and who was keenly appreciative of his work as a poet. As a Landvogt and later as a district judge (Amtsrichter) he continued to live at Husum till 1880, though he was not exactly pleased with seeing Prussians rule in the place of the Schleswig-Holsteiners' own hereditary duke. The last eight years of his life he spent at a country house which he erected near Hademarschen. He died July 4, 1888.

With him disappeared one of the greatest writers that Schleswig-Holstein has produced. His legacy to the German nation and to humanity is not exhausted by what is now contained in the edition of his works. His Hausbuch aus deutſchen Dichtern ſeit Claudius (1870), an anthology, has done much good by omitting a great deal of what is usually included in such books. His correspondence with Mörike, Kuh, Eggers, and especially with the great Swiss, Gottfried Keller, whom he never saw, but with whom he exchanged letters during the last ten years of his life, has exerted a wholesome influence in many directions. His personality, as it appears especially in the Briefe in die Heimat, is an inspiration to young and old. Hampered by a weak physique, he succeeded, by an iron will and by moderation in everything, in carrying out his clearly defined life-work.

Of the eight volumes comprising Theodor Storm's literary work, more than seven and a half are filled by his novelettes, fairy tales and sketches. But the poems contained on the remaining pages are of such a high rank that he is classed with the best lyric poets of Germany. They are deep in thought and perfect in form and cover a wide range.

But to the majority of his fellow-countrymen Storm is a writer of short stories, and particularly of Immenſee, one of his earliest works (1849). This belongs, with Marthe und ihre Uhr (1847), Ein grünes Blatt (1850) and a few others, to the period before his exile. At Potsdam he wrote, besides two other stories, Im Sonnenschein (1854), and at Heiligenstadt Auf dem Staatshof, Auf der Universität, with several other novelettes and sketches and most of his fairy tales. To the time after his return to Husum we owe In St. Jürgen, Eine Malerarbeit, Beim Vetter Christian, Pole Poppenspäler (1873 and 1874), Waldwinkel, Psyche, Aquis submersus, Karsten Kurator, Renate and Die Söhne des Senators, to mention only the best-known. At Hademarschen finally he produced Der Herr Staatsrat, Hans und Heinz Kirch, Ein Fest auf Haderslevhuus, Bötjer Basch, Ein Bekenntnis and others, last of all the grand work Der Schimmelreiter.

The farther he advanced in his career as a writer, the more distinct became his characters, the more firmly outlined his plots. In only one of his works (Von jenseit des Meeres) did he leave German soil, in few of them did he leave the soil of Schleswig-Holstein, almost always to return to it (as in Pole Poppenspäler, In St. Jürgen, Ein Doppelgänger). In almost all of them the place of action is laid in the graue Stadt am Meer, Husum,[1] or that part of Schleswig surrounding it. In a few the time is that of a bygone century, in most of them it is the time when he was young or when his immediate ancestors were young. He introduces us to castle and parsonage, but he especially delights in depicting the counting-

---

[1] Nowhere has he invented a fictitious name for Husum, but calls it unsere Stadt or meine Vaterstadt and the like.

houses of the merchants, so familiar to him, and the workshops and sitting-rooms of the plain trades-men, the houses of the peasant and of the builder or protector of the dikes. As some of his poems give a vivid expression to his patriotism, so some of his stories have to do with the fight against the Danes, which took place near his native town. He likes to connect his story with some acquaintance or experience of his own (as in Pole Poppenspäler), and he thus has become one of the greatest masters of the story within a story (Rahmenerzählung). As he grew older he was more and more inclined to in-troduce odd characters and odd or even gruesome subjects, being somewhat influenced in that respect by E. Th. A. Hoffmann. His occupation as a lawyer and a judge provided him with some of his most in-teresting topics and, no doubt, helped him towards that clearness of vision and expression in which his later works excel. His persons, taken for the most part from the Low German, or the Frisian soil of Schleswig-Holstein, are true to nature, true even to the extent of expressing much of their feeling by a pressure of the hand or by silence. But if he has portrayed any period of human life faithfully and lovingly, it is that of childhood, into which he en-tered with zest. He was der „passionierte Vater" (as he once called himself in a letter) of numerous children to whom he told fairy tales and for whom he wrote them. With these children he became a child at Christmas time, and they live in his works.

Storm composed Pole Poppenspäler in response to a request from the editor of a new magazine for youthful readers (Deutsche Jugend). But having a lofty conception of his calling as a writer, he did not want to write a story that was fit only for "little Jack" and not also for "grown Peter," that is, he did not want to "write down" to his readers. And he certainly succeeded in finding a subject and treating it in a way interesting both to „der kleine Hans" and „der große Peter." The circumstance that in it he has to do with Husum and the only other place that seemed like home to him, Heiligenstadt, has contributed to make the story what it is. That Heiligenstadt is the "small town of Central Germany" in which Paul finds his Lisei again must have been plain to every reader acquainted with Storm's life. But the publication of his Briefe in die Heimat[1] showed that the whole episode is founded on an actual occurrence with which the Storm family and especially the eldest son, Hans, had to do. In a letter written on the 8th of February, 1864, Storm said:

"One afternoon about four weeks ago when it was bitterly cold we heard a child weeping aloud in the street, and looking out of the window we saw the overseer of the jail across the street driving

[1] Berlin, 1907 (Verlag von Karl Curtius). Pages 214 and 215. The editress, the poet's daughter Gertrud, who regularly speaks of the works of Storm or parts of works that have been founded on occurrences mentioned in the letters, does not do so in this case.

with the dog-whip a young gipsy woman and two children out into the street. Her husband had been arrested on account of suspicion of theft (he was released a few days later), and she insisted on being locked up too. Suffering from the cold and weeping, she was wandering about in the street. The bigger boy cried aloud for his father. Night fell, and the thermometer stood at 17 degrees.[1] The poor people were without a shelter. Not a soul took pity on the gipsy rabble. Then, as was befitting the poet's family, we took the vagrant heathen and her children to our table and refreshed them with hot coffee and rolls. But the black-haired young woman did not relish her meal, she only thought how 'the man across the street' would worry about her. You may imagine that Lucie and the other children got much fun from the gipsy way of talking and from the jolly little lad who appeared from a bundle on his mother's back. But now when the people had eaten and drunk their fill and were warm, much had not been gained yet. Now however Hans's activity began.

"He went into the little inns with them, quarreled with the landlords, and as no one wanted to shelter them, he went to the town hall and then to the house of the burgomaster, according to whose directions he finally lodged them personally in the poor-house. The woman had already become so despondent that, in company with her children, she

---

[1] —17° Réaumur = —6° Fahrenheit.

wanted to lie down in the open, outside the gate of the town."

So we have here, as in 𝕻𝖔𝖑𝖊 𝕻𝖔𝖕𝖕𝖊𝖓𝖋𝖕𝖆𝖑𝖊𝖗, the unfounded suspicion, the itinerant people (whether gipsies or show-people) who have "no honor" and are therefore mistreated or rejected at will, the gruff overseer of the jail, the poor woman who wants to enter the rooms usually dreaded and the sympathetic people who are ready to help, — all this in the depth of winter, at almost the identical temperature, not to mention more prosaic details. But how skilfully has the author interwoven this occurrence in his story! We are not astonished to hear from him in a letter to one of his correspondents that, while he usually worked by spurts, 𝕻𝖔𝖑𝖊 𝕻𝖔𝖕𝖕𝖊𝖓𝖋𝖕𝖆𝖑𝖊𝖗 was written, as it were, in one sitting. There are some minor inconsistencies which have nothing to do with the Heiligenstadt episode and which will be mentioned in the notes.

That a writer whose works, like those of Goethe, are one great confession, who wrote nothing but what he experienced outwardly or inwardly, that such a writer based other parts of his story on facts consciously or unconsciously, was to be expected. But we know little about it, Storm having been prevented by death from writing more than a mere beginning of an autobiography. It does not mean much that, according to some papers left by him,[1]

---

[1] 𝕿𝖍𝖊𝖔𝖉𝖔𝖗 𝕾𝖙𝖔𝖗𝖒. 𝕰𝖎𝖓 𝕭𝖎𝖑𝖉 𝖋𝖊𝖎𝖓𝖊𝖘 𝕷𝖊𝖇𝖊𝖓𝖘. 𝕾𝖔𝖓 𝕲𝖊𝖗𝖙𝖗𝖚𝖉 𝕾𝖙𝖔𝖗𝖒 (Berlin, 1912. 𝕾𝖊𝖗𝖑𝖆𝖌 𝖛𝖔𝖓 𝕶𝖆𝖗𝖑 𝕮𝖚𝖗𝖙𝖎𝖚𝖘), p. 71.

one Hans Schmidt, having before Storm's time owned and then squandered a good-sized fortune, was in the poor-house like der ſchwarze Schmidt of our story. It seems likely that either Storm or some friend of his at some period of his boyhood stood in some such relation (unusual for the pupil of a Ge=lehrtenſchule) to a tradesman as he portrays in Pole Poppenſpäler; for we hear about it again in Auf der Univerſität,[1] where a pupil of the Gelehrtenſchule is taught the beginnings of his handicraft by a carpenter.

But it should be mentioned that the initial impulse of the story within the story goes back to an incident in the history of Storm's family published by him at about the same time in the Zerſtreute Kapitel, Von heut und ehedem.[2] Just as in our story the boy, having heard the strange nickname „Pole Poppenſpäler," inquisitively asks the bearer about it, so we read there in the description of the individual members coming to a meeting of the freundſchaftliche Geſellſchaft at the house of his great-grandfather:

„Das Großmütterchen lächelte: der Mann hatte einen ſo ſeltſamen Beinamen — der ‚Ballenfräter'[3] hieß er — ſie hatte als Kind ihn ſelbſt einmal danach gefragt."

There is agreement here even in the rhythm of the two strange names!

[1] Works II, 88 and 110.
[2] Works III, 159.
[3] Low German for Ballenfreſſer, that is, "one who eats (gnaws at) the ball of his thumb."

What good use Storm made of Simrock's publication of the puppet-play of Fauſt, and what a halo he shed ₁on the puppet-players, connecting them skilfully with an historical figure among them, the "great Geisselbrecht"!

But his use of the Bavarian-Austrian dialect too was readily acknowledged, not only by those (even German writers) to whom every dialect introduced by Storm except Low German and Frisian seems Swabian, but by such men as the great scholar Erich Schmidt and the eminent critic and writer Emil Kuh, who remembered only one stay of Storm in the region in question[1] and received the information that Storm had consulted the poems of the dialect-poet Kobell a good deal.

Still we should not be too much disappointed if Storm, who, when a pupil of the Gelehrtenſchule, conversed almost exclusively in Low German, did not give a philologically faithful representation of the home speech of the puppet-players. In fact, had he not to take account of the probability that they had lost some peculiarities in their vagrant life, and had he not to consider his readers who would have experienced difficulty in reading a dialect too much at variance with literary German?

---

[1] From the evidence of his correspondence with Fr. Eggers (edited by H. Wolfgang Seidel, 1911, Berlin, Karl Curtius, p. 70) and Kuh (Weſtermanns Monatshefte, Vol. LXVII, pp. 107 and 544), Storm must have been at the castle of Leopoldskron, close to Salzburg and therefore near Berchtesgaden, at least twice between 1869 and 1872.

𝔓𝔬𝔩𝔢 𝔓𝔬𝔭𝔭𝔢𝔫𝔰𝔭ä𝔩𝔢𝔯, called by some Storm's best work, is certainly in his best vein, far removed from the misty and sentimental works of his earliest period. It is 𝔈𝔯𝔦𝔫𝔫𝔢𝔯𝔲𝔫𝔤𝔰𝔭𝔬𝔢𝔰𝔦𝔢 of the best kind, with no more tragedy in it than the natural tragedy of death after a long life. It gives a faithful picture of the household of the lowly, their sorrows and joys, and an interesting view of the fast disappearing world of the itinerant showmen.

That 𝔓𝔬𝔩𝔢 𝔓𝔬𝔭𝔭𝔢𝔫𝔰𝔭ä𝔩𝔢𝔯 is a 𝔑𝔞𝔥𝔪𝔢𝔫𝔢𝔯𝔷ä𝔥𝔩𝔲𝔫𝔤 has been already mentioned. But it should be emphasized that it belongs to that highest type of a story within a story which contains a real frame (𝔑𝔞𝔥𝔪𝔢𝔫) to the end, which makes the setting plausible, and which, by well-founded interruptions, reminds us of the circumstances of the story-telling, making the whole more real.[1]

All the literature on Storm has been faithfully recorded in the best and most complete book treating of him, viz. 𝔗𝔥𝔢𝔬𝔡𝔬𝔯 𝔖𝔱𝔬𝔯𝔪. 𝔖𝔢𝔦𝔫 𝔏𝔢𝔟𝔢𝔫 𝔲𝔫𝔡 𝔰𝔢𝔦𝔫𝔢 𝔇𝔦𝔠𝔥𝔱𝔲𝔫𝔤 𝔳𝔬𝔫 Dr. 𝔓𝔞𝔲𝔩 𝔖𝔠𝔥ü𝔱𝔢 (𝔇𝔯𝔦𝔱𝔱𝔢 𝔄𝔲𝔣𝔩𝔞𝔤𝔢 𝔳𝔬𝔫 Dr. 𝔈𝔡𝔪𝔲𝔫𝔡 𝔏𝔞𝔫𝔤𝔢, Berlin, 1911). It is especially valuable on Storm's literary work. The publications of the poet's gifted daughter Gertrud (the youngest of the children by his first wife) are interesting and illuminating. A complete bibliography is not aimed at in an edition of this kind.

---

[1] These matters have been well discussed by Hans Bracher, 𝔑𝔞𝔥𝔪𝔢𝔫𝔢𝔯𝔷ä𝔥𝔩𝔲𝔫𝔤 𝔲𝔫𝔡 𝔙𝔢𝔯𝔴𝔞𝔫𝔡𝔱𝔢𝔰 𝔟𝔢𝔦 𝔊. 𝔎𝔢𝔩𝔩𝔢𝔯, 𝔎. 𝔉. 𝔐𝔢𝔶𝔢𝔯 𝔲𝔫𝔡 𝔗𝔥. 𝔖𝔱𝔬𝔯𝔪. Leipzig, H. Haenel, 1909.

Pole Poppenspäler

Pole Poppenspäler

Ich hatte in meiner Jugend einige Fertigkeit im Drech=
seln und beschäftigte mich sogar wohl etwas mehr damit,
als meinen gelehrten Studien zuträglich war; wenigstens
geschah es, daß mich eines Tages der Subrektor bei Rück=
gabe eines nicht eben fehlerlosen Exerzitiums seltsamer= 5
weise fragte, ob ich vielleicht wieder eine Nähschraube zu
meiner Schwester Geburtstag gedrechselt hätte. Solche
kleine Nachteile wurden indessen mehr als aufgewogen
durch die Bekanntschaft mit einem trefflichen Manne, die
mir infolge jener Beschäftigung znteil wurde. Dieser 10
Mann war der Kunstdrechsler und Mechanikus Paul
Paulsen, auch deputierter Bürger unserer Stadt. Auf
die Bitte meines Vaters, der für alles, was er mich
unternehmen sah, eine gewisse Gründlichkeit forderte, ver=
stand er sich dazu, mir die für meine kleinen Arbeiten 15
erforderlichen Handgriffe beizubringen.

Paulsen besaß mannigfache Kenntnisse und war dabei
nicht nur von anerkannter Tüchtigkeit in seinem eigenen
Handwerk, sondern er hatte auch eine Einsicht in die künf=
tige Entwickelung der Gewerke überhaupt, so daß bei man= 20
chem, was jetzt als neue Wahrheit verkündigt wird, mir
plötzlich einfällt: Das hat dein alter Paulsen ja schon vor
vierzig Jahren gesagt. — Es gelang mir bald, seine Zu=

1

neigung zu erwerben, und er fah es gern, wenn ich noch
außer den festgesetzten Stunden am Feierabend einmal zu
ihm kam. Dann faßen wir entweder in der Werkstätte,
oder sommers — denn unser Verkehr hat jahrelang ge=
5 dauert — auf der Bank unter der großen Linde seines
Gärtchens. In den Gesprächen, die wir dabei führten,
oder vielmehr, welche mein älterer Freund dabei mit m i r
führte, lernte ich Dinge kennen und auf Dinge meine Ge=
danken richten, von denen, so wichtig sie im Leben sind, ich
10 später selbst in meinen Primaner=Schulbüchern keine Spur
gefunden habe.

Paulsen war seiner Abkunft nach ein Friese und der
Charakter dieses Volksstammes aufs schönste in seinem
Antlitz ausgeprägt; unter dem schlichten blonden Haar die
15 denkende Stirn und die blauen sinnenden Augen; dabei
hatte, vom Vater ererbt, seine Stimme noch etwas von
dem weichen Gesang seiner Heimatsprache.

Die Frau dieses nordischen Mannes war braun und
von zartem Gliederbau, ihre Sprache von unverkennbar
20 süddeutschem Klange. Meine Mutter pflegte von ihr zu
sagen, ihre schwarzen Augen könnten einen See ausbren=
nen, in ihrer Jugend aber sei sie von seltener Anmut ge=
wesen. — Trotz der silbernen Fädchen, die schon ihr Haar
durchzogen, war auch jetzt die Lieblichkeit dieser Züge noch
25 nicht verschwunden, und das der Jugend angeborene Ge=
fühl für Schönheit veranlaßte mich bald, ihr, wo ich immer
konnte, mit kleinen Diensten und Gefälligkeiten an die
Hand zu gehen.

„Da ſchau' mir nur das Buberl,"[1] ſagte ſie dann wohl zu ihrem Manne; „wirſt doch nit[2] eiferſüchtig werden, Paul?"

Dann lächelte Paul. Und aus ihren Scherzworten und aus ſeinem Lächeln ſprach das Bewußtſein innigſten Zuſammengehörens. 5

Sie hatten außer einem Sohne, der damals in der Fremde war, keine Kinder, und vielleicht war ich den beiden zum Teil deshalb ſo willkommen, zumal Fran Paulſen mir wiederholt verſicherte, ich habe gerad' ein ſo luſtig's 10 Naſerl[3] wie ihr Joſeph. Nicht verſchweigen will ich, daß letztere auch eine mir ſehr zuſagende, in unſerer Stadt aber ſonſt gänzlich unbekannte Mehlſpeiſe zu bereiten verſtand und auch nicht unterließ, mich dann und wann darauf zu Gaſte zu bitten. — So waren denn dort der Anziehungs= 15 kräfte für mich genug. Von meinem Vater aber wurde mein Verkehr in dem tüchtigen Bürgerhauſe gern geſehen. „Sorge nur, daß du nicht läſtig fällſt!" war das einzige, woran er in dieſer Beziehung zuweilen mich erinnerte. Ich glaube indeſſen nicht, daß ich meinen Freunden je zu oft 20 gekommen bin.

Da geſchah es eines Tages, daß in meinem elterlichen Hauſe einem alten Herrn aus unſerer Stadt das neueſte und wirklich ziemlich gelungene Werk meiner Hände vor= gezeigt wurde. 25

Als dieſer ſeine Bewunderung zu erkennen gab, be=

---

[1] ſieh (ſchaue) mir nur den Jungen (das Bübchen).   [2] nicht.
[3] eine ſo luſtige Naſe (ein ſo luſtiges Näschen).

merkte mein Vater dagegen, daß ich ja aber auch schon seit
fast einem Jahre bei Meister Paulsen in der Lehre sei.

„So, so," erwiderte der alte Herr; „bei Pole Poppen=
späler!"

5 Ich hatte nie gehört, daß mein Freund einen solchen
Beinamen führe, und fragte, vielleicht ein wenig naseweis,
was das bedeuten solle.

Aber der alte Herr lächelte nur ganz hinterhaltig und
wollte keine weitere Auskunft geben. —

10 Zum kommenden Sonntag war ich von den Paulsen=
schen Eheleuten auf den Abend eingeladen, um ihnen ihren
Hochzeitsgedenktag feiern zu helfen. Es war im Spät=
sommer, und da ich mich frühzeitig auf den Weg gemacht
und die Hausfrau noch in der Küche zu wirtschaften hatte,
15 so ging Paulsen mit mir in den Garten, wo wir uns zu=
sammen unter der großen Linde auf die Bank setzten. Mir
war das „Pole Poppenspäler" wieder eingefallen, und es
ging mir so im Kopfe herum, daß ich kaum auf seine Reden
Antwort gab; endlich, da er mich fast ein wenig ernst wegen
20 meiner Zerstreuung zurechtgewiesen hatte, fragte ich ihn
geradezu, was jener Beiname zu bedeuten habe.

Er wurde sehr zornig. „Wer hat dich das dumme
Wort gelehrt?" rief er, indem er von seinem Sitze auf=
sprang. Aber bevor ich noch zu antworten vermochte, saß
25 er schon wieder neben mir. „Laß, laß!" sagte er, sich be=
sinnend; „es bedeutet ja eigentlich das Beste, was das
Leben mir gegeben hat. — Ich will es dir erzählen; wir
haben wohl noch Zeit dazu. —

„In diesem Haus und Garten bin ich aufgewachsen,
meine braven Eltern wohnten hier, und hoffentlich wird
einst mein Sohn hier wohnen! — Daß ich ein Knabe war,
ist nun schon lange her; aber gewisse Dinge aus jener Zeit
stehen noch, wie mit farbigem Stifte gezeichnet, vor mei=   5
nen Augen.

„Neben unserer Haustür stand damals eine kleine weiße
Bank mit grünen Stäben in den Rücken= und Seitenleh=
nen, von der man nach der einen Seite die lange Straße
hinab bis an die Kirche, nach der anderen aus der Stadt   10
hinaus bis in die Felder sehen konnte. An Sommeraben=
den saßen meine Eltern hier, der Ruhe nach der Arbeit
pflegend; in den Stunden vorher aber pflegte ich sie in
Beschlag zu nehmen und hier in der freien Luft und unter
erquickendem Ausblick nach Ost und West meine Schular=   15
beit anzufertigen.

„So saß ich auch eines Nachmittags — ich weiß noch
gar wohl, es war im September, eben nach unserem Mi=
chaelis=Jahrmarkt — und schrieb für den Rechenmeister
meine Algebra=Exempel auf die Tafel, als ich unten von   20
der Straße ein seltsames Gefährt heraufkommen sah. Es
war ein zweirädriger Karren, der von einem kleinen rauhen
Pferde gezogen wurde. Zwischen zwei ziemlich hohen
Kisten, mit denen er beladen war, saß eine große blonde
Frau mit steifen hölzernen Gesichtszügen und ein etwa   25
neunjähriges Mädchen, das sein schwarzhaariges Köpf=
chen lebhaft von einer Seite nach der anderen drehte;
nebenherging, den Zügel in der Hand, ein kleiner, lustig

blickender Mann, dem unter seiner grünen Schirm=
mütze die kurzen schwarzen Haare wie Spieße vom Kopf
abstanden.

„So, unter dem Gebimmel eines Glöckchens, das unter
5 dem Halse des Pferdes hing, kamen sie heran. Als sie die
Straße vor unserem Haus erreicht hatten, machte der
Karren Halt. ‚Du, Bub‘,‘¹ rief die Frau zu mir herüber;
‚wo ist denn die Schneiderherberg‘?‘

„Mein Griffel hatte schon lange geruht; nun sprang ich
10 eilfertig auf und trat an den Wagen. ‚Ihr seid gerad‘
davor,‘ sagte ich und wies auf das alte Haus mit der vier=
eckig geschorenen Linde, das, wie du weißt, noch jetzt hier
gegenüberliegt.

„Das seine Dirnchen war zwischen den Kisten aufge=
15 standen, streckte das Köpfchen aus der Kapuze ihres ver=
schossenen Mäntelchens und sah mit ihren großen Augen
auf mich herab; der Mann aber, mit einem ‚Sitz‘ ruhig,
Diendel!‘ ² und ‚Schönen Dank, Bub‘!‘¹ peitschte auf den
kleinen Gaul und fuhr vor die Tür des bezeichneten Hau=
20 ses, aus dem auch schon der dicke Herbergsvater in seiner
grünen Schürze ihm entgegentrat.

„Daß die Ankömmlinge nicht zu den zunftberechtigten
Gästen des Hauses gehörten, mußte mir freilich klar sein;
aber es pflegten dort — was mir jetzt, wenn ich es bedenke,
25 mit der Reputation des wohlehrsamen Handwerks sich
keineswegs reimen will — auch andere, mir viel ange=
nehmere Leute einzukehren. Droben im zweiten Stocke,

¹ Junge (Bube).　　　　　　　　² Mädchen (Dirnchen).

wo noch heute statt der Fenster nur einfache Holzluken auf
die Straße gehen, war das hergebrachte Quartier aller
fahrenden Musikanten, Seiltänzer oder Tierbändiger,
welche in unserer Stadt ihre Kunst zum besten gaben.

„Und richtig, als ich am anderen Morgen oben in mei= 5
ner Kammer vor dem Fenster stand und meinen Schulsack
schnürte, wurde drüben eine der Luken aufgestoßen; der
kleine Mann mit den schwarzen Haarspießen steckte seinen
Kopf ins Freie und dehnte sich mit beiden Armen in die
frische Luft hinaus; dann wandte er den Kopf hinter sich 10
nach dem dunklen Raume zurück, und ich hörte ihn ‚Lisei!¹
Lisei!‘ rufen. — Da drängte sich unter seinem Arm ein
rosiges Gesichtlein vor, um das wie eine Mähne das
schwarze Haar herabfiel. Der Vater wies mit dem Finger
nach mir herüber, lachte und zupfte sie ein paarmal an 15
ihren seidenen Strähnen. Was er zu ihr sprach, habe ich
nicht verstehen können; aber es mag wohl ungefähr gelautet
haben: ‚Schau’ dir ihn an, Lisei! Kennst ihn noch, den
Bub’n² von gestern? — Der arme Narr, da muß er nun
gleich mit dem Ranzen in die Schule traben! — Was du 20
für ein glücklich’s Diendel³ bist, die du allweg⁴ nur mit
unserem Braunen landab landauf zu fahren brauchst!‘ —
Wenigstens sah die Kleine ganz mitleidig zu mir herüber,
und als ich es wagte, ihr freundlich zuzunicken, nickte sie
sehr ernsthaft wieder. 25

„Bald aber zog der Vater seinen Kopf zurück und ver=

¹ Lieschen.   ² Jungen (Buben).
³ glückliches Mädchen (Dirnchen).   ⁴ immer.

schwand im Hintergrund seines Bodenraumes. Statt
seiner trat jetzt die große blonde Frau zu dem Kinde; sie
bemächtigte sich ihres Kopfes und begann ihr das Haar zu
strählen. Das Geschäft schien schweigend vollzogen zu
5 werden, und das Lisei durfte offenbar nicht mucksen,
obgleich es mehrmals, wenn ihr der Kamm so in den
Nacken hinabfuhr, die eckigsten Figuren mit ihrem roten
Mäulchen bildete. Nur einmal hob sie den Arm und ließ
ein langes Haar über die Linde draußen in die Morgenluft
10 hinausfliegen. Ich konnte von meinem Fenster aus es
glänzen sehen; denn die Sonne war eben durch den Herbst=
nebel gedrungen und schien drüben auf den oberen Teil des
Herberghauses.

„Auch in den vorhin undurchdringlich dunklen Boden=
15 raum konnte ich jetzt hineinsehen. Ganz deutlich erblickte ich
in einem dämmerigen Winkel den Mann an einem Tische
sitzen; in seiner Hand blinkte etwas wie Gold oder Silber;
dann wieder war's wie ein Gesicht mit einer ungeheuren
Nase; aber so sehr ich meine Augen anstrengte, ich vermochte
20 nicht, klug daraus zu werden. Plötzlich hörte ich, als wenn
etwas Hölzernes in einen Kasten geworfen würde, und
nun stand der Mann auf und lehnte aus einer zweiten Luke
sich wieder auf die Straße hinaus.

„Die Frau hatte indessen der kleinen schwarzen Dirne ein
25 verschossenes rotes Kleidchen angezogen und ihr die Haar=
flechten wie einen Kranz um das runde Köpfchen gelegt.

„Ich sah noch immer hinüber. ‚Einmal,‘ dachte ich,
‚könnte sie doch wieder nicken!‘

— — „,Paul, Paul!‘ hörte ich plötzlich unten aus unserem Hause die Stimme meiner Mutter rufen.

„,Ja, ja, Mutter!‘ Es war mir ordentlich wie ein Schrecken in die Glieder geschlagen.

„,Nun,‘ rief sie wieder, ‚der Rechenmeister wird dir schön die Zeit verdeutschen! Weißt du denn nicht, daß es lang’ schon sieben geschlagen hat?‘

„Wie rasch polterte ich die Treppe hinunter!

„Aber ich hatte Glück! Der Rechenmeister war gerade dabei, seine Bergamotten abzunehmen, und die halbe Schule befand sich in seinem Garten, um mit Händen und Mäulern ihm dabei zu helfen. Erst um neun Uhr saßen wir alle mit heißen Backen und lustigen Gesichtern an Tafel und Rechenbuch auf unseren Bänken.

„Als ich um elf, die Taschen noch voller Birnen, aus dem Schulhofe trat, kam eben der dicke Stadtausrufer die Straße herauf. Er schlug mit dem Schlüssel an sein blankes Messingbecken und rief mit seiner Bierstimme:

„,Der Mechanikus und Puppenspieler Herr Joseph Tendler aus der Residenzstadt München ist gestern hier angekommen und wird heute abend im Schützenhofsaale seine erste Vorstellung geben. Vorgestellt wird Pfalzgraf Siegfried und die heilige Genoveva, Puppenspiel mit Gesang in vier Aufzügen.‘

„Dann räusperte er sich und schritt würdevoll in der meinem Heimweg entgegengesetzten Richtung weiter. Ich folgte ihm von Straße zu Straße, um wieder und wieder die entzückende Verkündigung zu hören; denn noch niemals hatte ich eine Komödie, geschweige denn ein Puppenspiel, gesehen.

„Als ich endlich umkehrte, sah ich ein rotes Kleidchen mir entgegenkommen; und wirklich, es war die kleine Puppen= spielerin; trotz ihres verschossenen Anzuges schien sie mir von einem Märchenglanz umgeben.

„Ich faßte mir ein Herz und redete sie an: ‚Willst du spazieren gehen, Lisei?‘ [1]

„Sie sah mich mißtrauisch aus ihren schwarzen Augen an. ‚Spazieren?‘ wiederholte sie gedehnt. ‚Ach du! — du bist g'scheit!‘

„‚Wohin willst du denn?‘

— „‚Zum Ellenkramer will i!‘ [2]

„‚Willst du dir ein neues Kleid kaufen?‘ fragte ich töl= pelhaft genug.

„Sie lachte laut auf. ‚Geh! laß mi[3] aus! — Nein; nur so Fetzeln!‘ [4]

„‚Fetzeln, Lisei?‘

— „‚Freili![5] Halt nur so Resteln[6] zu G'wandel[7] für die Pupp'n; 's kost't[8] immer nit[9] viel!‘

„Ein glücklicher Gedanke fuhr mir durch den Kopf. Ein alter Onkel von mir hatte damals am Markte hier eine Ellenwarenhandlung, und sein alter Ladendiener war mein guter Freund. ‚Komm mit mir!‘ sagte ich kühn; ‚es soll dir gar nichts kosten, Lisei!‘

---

[1] Lieschen.   [2] Zum Ellenkrämer will ich.   [3] mich.
[4] Fetzchen.   [5] Freilich.   [6] Resterchen.
[7] Kleidchen (Gewändchen).   [8] es kostet.   [9] nicht.

„Meinst?'[1] fragte sie noch; dann liefen wir beide nach dem Markt und in das Haus des Onkels. Der alte Gabriel stand wie immer in seinem pfeffer- und salzfarbenen Rocke hinter dem Ladentisch, und als ich ihm unser Anliegen deutlich gemacht hatte, kramte er gutmütig einen Haufen 5 ‚Rester' auf den Tisch zusammen.

„Schau', das hübsch' Brinnrot!'[2] sagte Lisei und nickte begehrlich nach einem Stückchen französischen Kattuns hinüber.

„Kannst es brauchen?' fragte Gabriel. — Ob sie es 10 brauchen konnte! Der Ritter Siegfried sollte ja auf den Abend noch eine neue Weste geschneidert bekommen.

„Aber da gehören auch die Tressen noch dazu,' sagte der Alte und brachte allerlei Endchen Gold- und Silber- flittern. Bald kamen noch grüne und gelbe Seidenläppchen 15 und Bänder, endlich ein ziemlich großes Stück brannen Plüsches. ‚Nimm's nur, Kind!' sagte Gabriel; ‚das gibt ein Tierfell für eure Genoveva, wenn das alte vielleicht verschossen wäre!' Dann packte er die ganze Herrlichkeit zusammen und legte sie der Kleinen in den Arm. 20

„Und es kost't nix?'[3] fragte sie beklommen.

„Nein, es kostete nichts. Ihre Augen leuchteten. ‚Schön'[4] Dank, guter Mann! Ach, wird der Vater schauen!'

„Hand in Hand, Lisei mit ihrem Päckchen unter dem 25 Arme, verließen wir den Laden; als wir aber in die Nähe

---

[1] Meinst du.   [2] Feuerrot (Brennrot).
[3] nichts.   [4] Schönen.

unserer Wohnung kamen, ließ sie mich los und rannte über
die Straße nach der Schneiderherberge, daß ihr die schwar=
zen Flechten in den Nacken flogen.

 — — „Nach dem Mittagessen stand ich vor unserer
5 Haustür und erwog unter Herzklopfen das Wagnis, schon
heute, zur ersten Vorstellung, meinen Vater um das Ein=
trittsgeld anzugehen; ich war ja mit der Galerie zufrieden,
und die sollte für uns Jungens nur einen Doppeltschilling
kosten. Da, bevor ich's noch bei mir ins reine gebracht
10 hatte, kam das Lisei über die Straße zu mir hergeflogen.
,Der Vater schickt's!' sagte sie, und eh' ich mich's versah,
war sie wieder fort; aber in meiner Hand hielt ich eine
rote Karte, darauf stand mit großen Buchstaben: Erster
Platz.

15 „Als ich aufblickte, winkte auch von drüben der kleine
schwarze Mann mit beiden Armen aus der Bodenluke zu
mir herüber. Ich nickte ihm zu; was mußten das für nette
Leute sein, diese Puppenspieler! ,Also heute abend,' sagte
ich zu mir selber; ,heute abend und — erster Platz!'

   — — ·

20 — — „Du kennst unseren Schützenhof in der Süder=
straße; auf der Haustür sah man damals noch einen schön=
gemalten Schützen in Lebensgröße, mit Federhut und
Büchse; im übrigen war aber der alte Kasten damals noch
baufälliger, als er heute ist. Die Gesellschaft war bis auf
25 drei Mitglieder herabgesunken; die vor Jahrhunderten
von den alten Landesherzögen geschenkten silbernen Pokale,

Pulverhörner und Ehrenketten waren nach und nach ver=
schleudert; den großen Garten, der, wie du weißt, auf den
Bürgersteig hinausläuft, hatte man zur Schaf= und Zie=
gengrasung verpachtet. Das alte zweistöckige Haus wurde
von niemandem weder bewohnt, noch gebraucht; windrissig 5
und verfallen stand es da zwischen den munteren Nachbar=
häusern; nur in dem öden weißgekalkten Saale, der fast
das ganze obere Stockwerk einnahm, produzierten mit=
unter starke Männer oder durchreisende Taschenspieler ihre
Künste. Dann wurde unten die große Haustür mit dem 10
gemalten Schützenbruder knarrend aufgeschlossen.

— — „Langsam war es Abend geworden; und — das
Ende trug die Last, denn mein Vater wollte mich erst fünf
Minuten vor dem angesetzten Glockenschlage laufen lassen;
er meinte, eine Übung in der Geduld sei sehr vonnöten, 15
damit ich im Theater stillesitze.

„Endlich war ich an Ort und Stelle. Die große Tür
stand offen, und allerlei Leute wanderten hinein; denn der=
zeit ging man noch gern zu solchen Vergnügungen; nach
Hamburg war eine weite Reise, und nur wenige hatten sich 20
die kleinen Dinge zu Hause durch die dort zu schauenden
Herrlichkeiten leid machen können. — Als ich die eichene
Wendeltreppe hinaufgestiegen war, fand ich Liseis Mutter
am Eingange des Saales an der Kasse sitzen. Ich näherte
mich ihr ganz vertraulich und dachte, sie würde mich so 25
recht als einen alten Bekannten begrüßen; aber sie saß
stumm und starr und nahm mir meine Karte ab, als wenn
ich nicht die geringste Beziehung zu ihrer Familie hätte. —

Etwas gedemütigt trat ich in den Saal; der kommenden
Dinge harrend, plauderte alles mit halber Stimme durch=
einander; dazu fiedelte unser Stadtmusikus mit drei seiner
Gesellen. Das erste, worauf meine Augen fielen, war in
5 der Tiefe des Saales ein roter Vorhang oberhalb der Mu=
sikantenplätze. Die Malerei in der Mitte desselben stellte
zwei lange Trompeten vor, die kreuzweise über einer golde=
nen Leier lagen; und, was mir damals sehr sonderbar er=
schien, an dem Mundstück einer jeden hing, wie mit den
10 leeren Augen darauf geschoben, hier eine finster, dort eine
lachend ausgeprägte Maske. — Die drei vordersten Plätze
waren schon besetzt; ich drängte mich in die vierte Bank, wo
ich einen Schulkameraden bemerkt hatte, der dort neben
seinen Eltern saß. Hinter uns bauten sich die Plätze schräg
15 ansteigend in die Höhe, so daß der letzte, die sogenannte
Galerie, welche nur zum Stehen war, sich fast mannshoch
über dem Fußboden befinden mochte. Auch dort schien es
wohlgefüllt zu sein; genau vermochte ich es nicht zu sehen,
denn die wenigen Talglichter, welche in Blechlampetten an
20 den beiden Seitenwänden brannten, verbreiteten nur eine
schwache Helligkeit; auch dunkelte die schwere Balkendecke
des Saales. Mein Nachbar wollte mir eine Schulgeschichte
erzählen; ich begriff nicht, wie er an so etwas denken konnte,
ich schaute nur auf den Vorhang, der von den Lampen des
25 Podiums und der Musikantenpulte feierlich beleuchtet war.
Und jetzt ging ein Wehen über seine Fläche, die geheimnis=
volle Welt hinter ihm begann sich schon zu regen; noch
einen Augenblick, da erscholl das Läuten eines Glöckchens,

und während unter den Zuschauern das summende Ge=
plauder wie mit einem Schlage verstummte, flog der
Vorhang in die Höhe. — Ein Blick auf die Bühne versetzte
mich um tausend Jahre rückwärts. Ich sah in einen
mittelalterlichen Burghof mit Turm und Zugbrücke; zwei 5
kleine ellenlange Leute standen in der Mitte und redeten
lebhaft miteinander. Der eine mit dem schwarzen Barte,
dem silbernen Federhelm und dem goldgestickten Mantel
über dem roten Unterkleide war der Pfalzgraf Siegfried;
er wollte gegen die heidnischen Mohren in den Krieg 10
reiten und befahl seinem jungen Hausmeister Golo, der
in blauem silbergesticktem Wamse neben ihm stand, zum
Schutze der Pfalzgräfin Genoveva in der Burg zurückzu=
bleiben. Der treulose Golo aber tat gewaltig wild, daß
er seinen guten Herrn so allein in das grimme Schwerter= 15
spiel sollte reiten lassen. Sie drehten bei diesen Wech=
selreden die Köpfe hin und her und fochten heftig und
ruckweise mit den Armen. — Da tönten kleine langgezogene
Trompetentöne von draußen hinter der Zugbrücke, und
zugleich kam auch die schöne Genoveva in himmelblauem 20
Schleppkleide hinter dem Turm hervorgestürzt und schlug
beide Arme über des Gemahls Schultern: ‚O mein herz=
allerliebster Siegfried, wenn dich die grausamen Heiden nur
nicht massakrieren!‘ Aber es half ihr nichts; noch einmal
ertönten die Trompeten, und der Graf schritt steif und 25
würdevoll über die Zugbrücke aus dem Hofe; man hörte
deutlich draußen den Abzug des gewappneten Trupps. Der
böse Golo war jetzt Herr der Burg. —

„Und nun spielte das Stück sich weiter, wie es in deinem Lesebuche gedruckt steht. — Ich war auf meiner Bank ganz wie verzaubert; diese seltsamen Bewegungen, diese, feinen oder schnarrenden Puppenstimmchen, die denn doch wirk=
lich aus ihrem Munde kamen, — es war ein unheimliches Leben in diesen kleinen Figuren, das gleichwohl meine Augen wie magnetisch auf sich zog.

„Im zweiten Aufzuge aber sollte es noch besser kommen. — Da war unter den Dienern auf der Burg einer im gelben Nankinganzug, der hieß Kasperl. Wenn dieser Bursche nicht lebendig war, so war noch niemals etwas lebendig gewesen; er machte die ungeheuersten Witze, so daß der ganze Saal vor Lachen bebte; in seiner Nase, die so groß wie eine Wurst war, mußte er jedenfalls ein Gelenk haben; denn wenn er so sein dumm=pfiffiges Lachen heraus= schüttelte, so schlenkerte der Nasenzipfel hin und her, als wenn auch er sich vor Lustigkeit nicht zu lassen wüßte; dabei riß der Kerl seinen großen Mund auf und knackte, wie eine alte Eule, mit den Kinnbacksknochen. ‚Pardauz!‘ schrie es; so kam er immer auf die Bühne gesprungen; dann stellte er sich hin und sprach erst bloß mit seinem großen Daumen; den konnte er so ausdrucksvoll hin und wieder drehen, daß es ordentlich ging wie ‚Hier nix[1] und da nix; kriegst du nix, so hast du nix!‘ Und dann sein Schielen; — das war so verführerisch, daß im Augenblick dem ganzen Publikum die Augen verquer im Kopfe standen. Ich war ganz vernarrt in den lieben Kerl!

[1] nichts.

„Endlich war das Spiel zu Ende, und ich saß wieder zu Hause in unserer Wohnstube und verzehrte schweigend das Aufgebratene, das meine gute Mutter mir warm gestellt hatte. Mein Vater saß im Lehnstuhl und rauchte seine Abendpfeife. ‚Nun, Junge,‘ rief er, ‚waren sie lebendig?‘

„‚Ich weiß nicht, Vater,‘ sagte ich und arbeitete weiter in meiner Schüssel; mir war noch ganz verwirrt zu Sinne.

„Er sah mir eine Weile mit seinem klugen Lächeln zu. ‚Höre, Paul,‘ sagte er dann, ‚du darfst nicht zu oft in diesen Puppenkasten; die Dinger könnten dir am Ende in die Schule nachlaufen.‘

„Mein Vater hatte nicht unrecht. Die Algebraaufgaben gerieten mir in den beiden nächsten Tagen so mäßig, daß der Rechenmeister mich von meinem ersten Platz herabzusetzen drohte. — Wenn ich in meinem Kopfe rechnen wollte: ‚a + b gleich x — c,‘ so hörte ich statt dessen vor meinen Ohren die seine Vogelstimme der schönen Genoveba: ‚Ach, mein herzallerliebster Siegfried, wenn dich die bösen Heiden nur nicht massakrieren!‘ Einmal — aber es hat's niemand gesehen — schrieb ich sogar ‚x + Genoveba‘ auf die Tafel. — Des Nachts in meiner Schlafkammer rief es einmal ganz laut ‚pardauz,‘ und mit einem Satze kam der liebe Kasperl in seinem Nankinganzug zu mir ins Bett gesprungen, stemmte seine Arme zu beiden Seiten meines Kopfes in das Kissen und rief, grinsend auf mich herabnickend: ‚Ach,

du lieb's Brüderl,[1] ach, du herztausig lieb's Brüderl!'
Dabei hackte er mir mit seiner langen roten Nase in die
meine, daß ich davon erwachte. Da sah ich denn freilich,
daß es nur ein Traum gewesen war.

5 „Ich verschloß das alles in meinem Herzen und wagte
zu Hause kaum, den Mund aufzutun von der Puppen=
komödie. Als aber am nächsten Sonntag der Ausrufer
wieder durch die Straßen ging, an sein Becken schlug und
laut verkündigte: ,Heute abend auf dem Schützenhofe: Dok=
10 tor Fausts Höllenfahrt, Puppenspiel in vier Aufzügen!' —
da war es doch nicht länger auszuhalten. Wie die Katze
um den heißen Brei, so schlich ich um meinen Vater herum,
und endlich hatte er meinen stummen Blick verstanden. —
,Pole,' sagte er, ,es könnte dir ein Tropfen Blut vom Her=
15 zen gehen; vielleicht ist's die beste Kur, dich einmal gründ=
lich satt zu machen.' Damit langte er in die Westentasche
und gab mir einen Doppelschilling.

„Ich rannte sofort aus dem Hause; erst auf der Straße
wurde es mir klar, daß ja noch acht lange Stunden bis zum
20 Anfang der Komödie abzuleben waren. So lief ich denn
hinter den Gärten auf den Bürgersteig. Als ich an den
offenen Grasgarten des Schützenhofes gekommen war, zog
es mich unwillkürlich hinein; vielleicht, daß gar einige
Puppen dort oben aus den Fenstern guckten; denn die
25 Bühne lag ja an der Rückseite des Hauses. Aber ich mußte
dann erst durch den oberen Teil des Gartens, der mit
Linden= und Kastanienbäumen dicht bestanden war. Mir

[1] liebes Brüderchen (Brüderlein).

wurde etwas zag zumute; ich wagte doch nicht, weiter vor=
zudringen.   Plötzlich erhielt ich von einem großen, hier
angepflockten Ziegenbock einen Stoß in den Rücken, daß
ich um zwanzig Schritte weiterflog.   Das half; als ich
mich umsah, stand ich schon unter den Bäumen.   5

„Es war ein trüber Herbsttag; einzelne gelbe Blätter
sanken schon zur Erde; über mir in der Luft schrien ein paar
Strandvögel, die ans Haff hinausflogen; kein Mensch war
zu sehen, noch zu hören.   Langsam schritt ich durch das
Unkraut, das auf den Steigen wucherte, bis ich einen schma= 10
len Steinhof erreicht hatte, der den Garten von dem Hause
trennte. — Richtig! dort oben schauten zwei große Fenster
in den Hof herab; aber hinter den kleinen, in Blei gefaßten
Scheiben war es schwarz und leer, keine Puppe war zu
sehen.   Ich stand eine Weile, mir wurde ganz unheimlich 15
in der mich rings umgebenden Stille.

„Da sah ich, wie unten die schwere Hoftür von innen
eine Handbreit geöffnet wurde, und zugleich lugte auch ein
schwarzes Köpfchen daraus hervor.   ‚Lisei!‘ rief ich.

„Sie sah mich groß mit ihren dunklen Augen an. 20
‚B’hüt’ Gott!‘ sagte sie; ‚hab’ i¹ doch nit² gewußt, was da
außa³ rumkrax’ln tät!⁴   Wo kommst denn du daher?‘⁵

„‚Ich? — Ich geh’ spazieren, Lisei! — Aber sag’ mir,
spielt ihr denn jetzt schon Komödie?‘

„Sie schüttelte lachend den Kopf.   25

„‚Aber was machst du denn hier?‘ fragte ich weiter,
indem ich über den Steinhof zu ihr trat.

¹ ich.   ² nicht.   ³ draußen (außen).   ⁴ herumkraxelte.   ⁵ her.

„‚J[1] wart' auf den Vater,‘ sagte sie; ‚er ist ins Quartier, um Band und Nagel[2] zu holen; er macht's halt firti[3] für heunt abend.‘

„Bist du denn ganz allein hier, Lisei?‘

— „‚O nei;[4] du bist ja aa no[5] da!‘

„Ich meine,‘ sagte ich, ‚ob nicht deine Mutter oben auf dem Saal ist?‘

„Nein, die Mutter saß in der Herberge und besserte die Puppenkleider aus; das Lisei war hier ganz allein.

„‚Hör',‘ begann ich wieder, ‚du könntest mir einen Ge= fallen tun; es ist unter euren Puppen einer, der heißt Kasperl; den möcht' ich gar zu gern einmal in der Nähe sehen.‘

„‚Den Wurstl meinst?‘[6] sagte Lisei und schien sich eine Weile zu bedenken. ‚Nu,[7] es ging' scho;[8] aber g'schwind mußt[9] sein, eh' denn der Vater wieder daist!‘

„Mit diesen Worten waren wir schon ins Haus getre= ten und liefen eilig die steile Wendeltreppe hinauf. — Es war fast dunkel in dem großen Saale; denn die Fenster, welche sämtlich nach dem Hofe hinauslagen, waren von der Bühne verdeckt; nur einzelne Lichtstreifen fielen durch die Spalten des Vorhangs.

„‚Komm!‘ sagte Lisei und hob seitwärts an der Wand die dort aus einem Teppich bestehende Verkleidung in die Höhe; wir schlüpften hindurch, und da stand ich in dem

---

[1] Ich.   [2] Nägel.   [3] fertig.   [4] nein.   [5] auch noch.
[6] Kasperl (Hanswurst) meinst du.   [7] Nun.
[8] schon.   [9] geschwind mußt du.

Wundertempel. — Aber von der Rückseite betrachtet und
hier in der Tageshelle sah er ziemlich kläglich aus; ein
Gerüst aus Latten und Brettern, worüber einige bunt be=
fleckte Leinwandstücke hingen: das war der Schauplatz, auf
welchem das Leben der heiligen Genoveva so täuschend an   5
mir vorübergegangen war.

„Doch ich hatte mich zu früh beklagt; dort, an einem
Eisendraht, der von einer Kulisse nach der Wand hinüber=
gespannt war, sah ich zwei der wunderbaren Puppen schwe=
ben; aber sie hingen mit dem Rücken gegen mich, so daß ich   10
sie nicht erkennen konnte.

„‚Wo sind die anderen, Lisei?‘ fragte ich; denn ich hätte
mir gern die ganze Gesellschaft auf einmal besehen.

„‚Hier im Kast’l,‘¹ sagte Lisei und klopfte mit ihrer
kleinen Faust auf eine im Winkel stehende Kiste; ‚die zwei   15
da sind scho zug’richt;² aber geh’ nur her dazu und schau’s
dir a;³ er is scho⁴ dabei, dei⁵ Freund, der Kasperl!‘

„Und wirklich, er war es selber. ‚Spielt denn der heute
abend auch wieder mit?‘

„‚Freili,⁶ der is allimal⁷ dabei!‘   20

„Mit untergeschlagenen Armen stand ich und betrachtete
meinen lieben lustigen Allerweltskerl. Da baumelte er, an
sieben Schnüren aufgehenkt; sein Kopf war vorn überge=
sunken, daß seine großen Augen auf den Fußboden stierten
und ihm die rote Nase wie ein breiter Schnabel auf der   25
Brust lag. ‚Kasperle, Kasperle,‘ sagte ich bei mir selber,

---

¹ Kasten.   ² schon zugerichtet.   ³ an.   ⁴ ist schon.
⁵ dein.   ⁶ Freilich.   ⁷ ist allemal.

,wie hängst du da elendiglich!' Da antwortete es ebenso:
,Wart' nur, lieb's Brüderl,¹ wart' nur bis heut' abend!'
— War das auch nur so in meinen Gedanken, oder hatte
Kasperl selbst zu mir gesprochen?

5 „Ich sah mich um. Das Lisei war fort; sie war wohl
vor die Haustür, um die Rückkehr ihres Vaters zu überwachen. Da hörte ich sie eben noch von dem Ausgang des
Saales rufen: ,Daß d'² mir aber nit³ an die Puppen
rührst!' —— Ja, — nun konnte ich es aber doch nicht
10 lassen. Leise stieg ich auf eine neben mir stehende Bank und
begann, erst an der einen, dann an der anderen Schnur zu
ziehen; die Kinnladen fingen an zu klappen, die Arme hoben
sich, und jetzt fing auch der wunderbare Daumen an,
ruckweise hin und her zu schießen. Die Sache machte gar
15 keine Schwierigkeit; ich hatte mir die Puppenspielerei doch
kaum so leicht gedacht. — Aber die Arme bewegten sich
nur nach vorn und hintenaus; und es war doch gewiß, daß
Kasperle sie in dem neulichen Stück auch seitwärts ausgestreckt, ja daß er sie sogar über dem Kopfe zusammen-
20 geschlagen hatte! Ich zog an allen Drähten, ich versuchte
mit der Hand die Arme abzubiegen; aber es wollte nicht
gelingen. Auf einmal tat es einen leisen Krach im Innern
der Figur. ,Halt!' dachte ich, ,Hand vom Brett! Da
hättest du können Unheil anrichten!'

25 „Leise stieg ich wieder von meiner Bank herab, und zugleich hörte ich auch Lisei von außen in den Saal treten.
„,G'schwind, g'schwind!' rief sie und zog mich durch das

---

¹ Brüderchen (Brüberlein).　　　² du.　　　³ nicht.

Dunkel an die Wendeltreppe hinaus; ,'s is eigentli nit[1] recht,' fuhr sie fort, ,daß i di eilass'n[2] hab'; aber, gel,[3] du hast doch dei Gaudi[4] g'habt!'

„Ich dachte an den leisen Krach von vorhin. ,Ach, es wird ja nichts gewesen sein!' Mit dieser Selbsttröstung lief ich die Treppe hinab und durch die Hintertür ins Freie.

„Soviel stand fest, der Kasper war doch nur eine richtige Holzpuppe; aber das Lisei — was das für eine allerliebste Sprache führte! und wie freundlich sie mich gleich zu den Puppen mit hinaufgenommen hatte! — Freilich, und sie hatte es ja auch selbst gesagt, daß sie es so heimlich vor ihrem Vater getan, das war nicht völlig in der Ordnung. Unlieb — zu meiner Schande muß ich's gestehen — war diese Heimlichkeit mir gerade nicht; im Gegenteil, die Sache bekam für mich dadurch noch einen würzigen Beigeschmack, und es muß ein recht selbstgefälliges Lächeln auf meinem Gesicht gestanden haben, als ich durch die Linden- und Kastanienbäume des Gartens wieder nach dem Bürgersteig hinabschlenderte.

„Allein zwischen solchen schmeichelnden Gedanken hörte ich von Zeit zu Zeit vor meinem inneren Ohr immer jenen leisen Krach im Körper der Puppe; was ich auch vornahm, den ganzen Tag über konnte ich diesen jetzt aus meiner eigenen Seele heraustönenden unbequemen Laut nicht zum Schweigen bringen.

---

[1] es ist eigentlich nicht.   [2] ich dich eingelassen.
[3] gelt.   [4] dein Gaudium (deinen Spaß).

„Es hatte sieben Uhr geschlagen; im Schützenhofe war
heute, am Sonntagabend, alles besetzt; ich stand diesmal
hinten, fünf Schuh hoch über dem Fußboden, auf dem
Doppeltschillingplatze. Die Talglichter brannten in den
5 Blechlampetten, der Stadtmusikus und seine Gesellen
fiedelten; der Vorhang rollte in die Höhe.

„Ein hochgewölbtes gotisches Zimmer zeigte sich. Vor
einem aufgeschlagenen Folianten saß im langen schwarzen
Talare der Doktor Faust und klagte bitter, daß ihm all
10 seine Gelehrsamkeit so wenig einbringe; keinen heilen Rock
habe er mehr am Leibe, und vor Schulden wisse er sich
nicht zu lassen; so wolle er denn jetzo mit der Hölle sich
verbinden. — ,Wer ruft nach mir?' ertönte zu seiner Linken
eine furchtbare Stimme von der Wölbung des Gemaches
15 herab. — ,Faust, Faust, folge nicht!' kam eine andere, seine
Stimme von der Rechten. — Aber Faust verschwor sich den
höllischen Gewalten. — ,Weh, weh deiner armen Seele!'
Wie ein seufzender Windeshauch klang es von der Stimme
des Engels; von der Linken schallte eine gellende Lache
20 durchs Gemach. — — Da klopfte es an die Tür. ,Ver=
zeihung, Eure Magnifizenz!' Fausts Famulus Wagner
war eingetreten. Er bat, ihm für die grobe Haus=
arbeit die Annahme eines Gehilfen zu gestatten, damit
er sich besser aufs Studieren legen könne. ,Es hat
25 sich,' sagte er, ,ein junger Mann bei mir gemeldet,
welcher Kasperl heißt und gar fürtreffliche Qualitäten
zu besitzen scheint.' — Faust nickte gnädig mit dem
Kopf und sagte: ,Sehr wohl, lieber Wagner, diese Bitte

sei Euch gewährt.' Dann gingen beide miteinander
fort. — —

„,Pardauz!' rief es; und da war er. Mit einem Satze
kam er auf die Bühne gesprungen, daß ihm das Felleisen
auf dem Buckel hüpfte.

— — „Gott sei gelobt!' dachte ich; ‚er ist noch ganz
gesund; er springt noch ebenso, wie vorigen Sonntag in der
Burg der schönen Genoveva!' Und seltsam, so sehr ich ihn
am Vormittag in meinen Gedanken nur für eine schmäh-
liche Holzpuppe erklärt hatte, mit seinem ersten Worte war
der ganze Zauber wieder da.

„Emsig spazierte er im Zimmer auf und ab. ‚Wenn
mich jetzt mein Vater-Papa sehen tät','[1] rief er, ‚der würd’
sich was recht’s freuen! Immer pflegt’ er zu sagen:
Kasperl, mach’, daß du dein’ Sach’ in Schwung bringst!
— O jetzund[2] hab’ ich’s in Schwung; denn ich kann mein’
Sach’ haushoch werfen!' — Damit machte er Miene, sein
Felleisen in die Höhe zu schleudern; und es flog auch wirklich,
da es am Draht gezogen wurde, bis an die Deckenwölbung
hinauf; aber — Kasperles Arme waren an seinem Leibe
kleben geblieben; es ruckte und ruckte, aber sie kamen um
keine Handbreit in die Höhe.

„Kasperl sprach und tat nichts weiter. — Hinter der
Bühne entstand eine Unruhe, man hörte leise, aber heftig
sprechen, der Fortgang des Stückes war augenscheinlich
unterbrochen.

„Mir stand das Herz still! Da hatten wir die Besche-

---

[1] sähe.   [2] jetzt.

rung! Ich wäre gern fortgelaufen, aber ich schämte mich. Und wenn gar dem Lisei meinetwegen etwas geschähe!

„Da begann Kasperl auf der Bühne plötzlich ein kläg=liches Geheule, wobei ihm Kopf und Arme schlaff herunter=hingen, und der Famulus Wagner erschien wieder und fragte ihn, warum er denn so lamentiere.

„‚Ach, mei Zahnerl,[1] mei Zahnerl!‘ schrie Kasperl.

„‚Guter Freund,‘ sagte Wagner, ‚so laß‘ Er sich einmal in das Maul sehen!‘ — Als er ihn hierauf bei der großen Nase packte und ihm zwischen die Kinnladen hineinschaute, trat auch der Doktor Faust wieder in das Zimmer. — ‚Verzeihen Eure Magnifizenz,‘ sagte Wagner, ‚ich werde diesen jungen Mann in meinem Dienst nicht gebrauchen können; er muß sofort in das Lazarett geschafft werden!‘

„‚Is das a[2] Wirtshaus?‘ fragte Kasperle.

„‚Nein, guter Freund,‘ erwiderte Wagner, ‚das ist ein Schlachthaus. Man wird Ihm dort einen Weisheitszahn aus der Haut schneiden, und dann wird Er Seiner Schmer=zen ledig sein.‘

„‚Ach, du lieb’s Herrgottl,‘[3] jammerte Kasperl, ‚muß mi[4] armes Viecherl[5] so ein Unglück treffen! Ein Weis=heitszahnerl,[6] sagt Ihr, Herr Famulus! Das hat noch keiner in der Famili‘ gehabt! Da geht’s wohl auch mit meiner Kasperlschaft zu End’?‘

„‚Allerdings, mein Freund,‘ sagte Wagner; ‚eines Die=

---

[1] mein Zahn (Zähnchen). [2] Ist das ein.
[3] lieber Gott (liebes Herrgottchen). [4] mich.
[5] armen Kerl (armes Viehchen). [6] Weisheitszahn.

ners mit Weisheitszähnen bin ich baß entraten; die Dinger
sind nur für uns gelehrte Leute. Aber Er hat ja noch einen
Brudersohn, der sich auch bei mir zum Dienst gemeldet
hat. Vielleicht,' und er wandte sich gegen den Doktor
Faust, ,erlauben Eure Magnifizenz!'   5

„Der Doktor Faust machte eine würdige Drehung mit
dem Kopfe.

„,Tut, was Euch beliebt, mein lieber Wagner,' sagte
er; ,aber stört mich nicht weiter mit Euren Lappalien in
meinem Studium der Magie!'   10

— — „,Heere,[1] mein Gutester,'[2] sagte ein Schneider=
gesell, der vor mir auf der Brüstung lehnte, zu seinem
Nachbar, ,das geheert[3] ja nicht zum Stück; ich kenn's, ich
hab' es vor ä[4] Weilchen erst in Seifersdorf gesehen.' —
Der andere aber sagte nur: ,Halt's Maul, Leipziger!' und   15
gab ihm einen Rippenstoß.

— — „Auf der Bühne war indessen Kasperle, der
zweite, aufgetreten. Er hatte eine unverkennbare Ähnlich=
keit mit seinem kranken Onkel, auch sprach er ganz genau
wie dieser; nur fehlte ihm der bewegliche Daumen, und in   20
seiner großen Nase schien er kein Gelenk zu haben.

„Mir war ein Stein vom Herzen gefallen, als das Stück
nun ruhig weiterspielte, und bald hatte ich alles um mich
her vergessen. Der teuflische Mephistopheles erschien in
seinem feuerfarbenen Mantel, das Hörnchen vor der Stirn,   25
und Faust unterzeichnete mit seinem Blute den höllischen
Vertrag:

[1] Höre.   [2] Bester.   [3] gehört.   [4] einem.

„‚Vierundzwanzig Jahre sollst du mir dienen; dann will ich dein sein mit Leib und Seele.‘

„Hierauf fuhren beide in des Teufels Zaubermantel durch die Luft davon.   Für Kasperle kam eine ungeheure
5 Kröte mit Fledermausflügeln aus der Luft herab. ‚Auf dem höllischen Sperling soll ich nach Parma reiten?‘ rief er, und als das Ding wackelnd mit dem Kopfe nickte, stieg er auf und flog den beiden nach.

— — „Ich hatte mich ganz hinten an die Wand gestellt, wo
10 ich besser über alle die Köpfe vor mir hinwegsehen konnte. Und jetzt rollte der Vorhang zum letzten Aufzug in die Höhe.

„Endlich ist die Frist verstrichen.   Faust und Kasper sind beide wieder in ihrer Vaterstadt.   Kasper ist Nacht= wächter geworden; er geht durch die dunklen Straßen und
15 ruft die Stunden ab:

> ‚Hört, ihr Herr’n, und laßt euch sagen,
> Meine Frau hat mich geschlagen,
> Hüt’t euch vor dem Weiberrock!
> Zwölf ist der Klock’!   Zwölf ist der Klock’!‘

20 „Von fern hört man eine Glocke Mitternacht schlagen. Da wankt Faust auf die Bühne; er versucht zu beten, aber nur Heulen und Zähneklappern tönt aus seinem Halse. Von oben ruft eine Donnerstimme:

> ‘Fauste, Fauste, in æternum damnatus es!’[1]

25 „Eben fuhren in Feuerregen drei schwarzhaarige Teufel herab, um sich des Armen zu bemächtigen, da fühlte ich eins der Bretter zu meinen Füßen sich verschieben. Als ich

----

[1] Faust, Faust, in Ewigkeit bist du verdammt!

mich bückte, um es zurechtzubringen, glaubte ich, aus dem
dunklen Raume unter mir ein Geräusch zu hören; ich
horchte näher hin; es klang wie das Schluchzen einer
Kinderstimme. — ‚Lisei!‘ dachte ich; ‚wenn es Lisei wäre!‘
Wie ein Stein fiel meine ganze Untat mir wieder aufs 5
Gewissen; was kümmerte mich jetzt der Doktor Faust und
seine Höllenfahrt!

„Unter heftigem Herzklopfen drängte ich mich durch die
Zuschauer und ließ mich seitwärts an dem Brettergerüst
herabgleiten. Rasch schlüpfte ich in den darunter befind= 10
lichen Raum, in welchem ich an der Wand entlang ganz
aufrecht gehen konnte; aber es war fast dunkel, so daß ich
mich an den überall untergestellten Latten und Balken
stieß. ‚Lisei!‘ rief ich. Das Schluchzen, das ich eben noch
gehört hatte, wurde plötzlich still; aber dort in dem tiefsten 15
Winkel sah ich etwas sich bewegen. Ich tastete mich weiter
bis an das Ende des Raumes, und — da saß sie, zusam=
mengekauert, das Köpfchen in den Schoß gedrückt.

„Ich zupfte sie am Kleide. ‚Lisei!‘ sagte ich leise, ‚bist
du es? Was machst du hier?‘ 20

„Sie antwortete nicht, sondern begann wieder, vor sich
hinzuschluchzen.

„‚Lisei!‘ fragte ich wieder; ‚was fehlt dir? So sprich
doch nur ein einziges Wort!‘

„Sie hob den Kopf ein wenig. ‚Was soll i¹ da red’n!‘ 25
sagte sie; ‚du weißt’s ja von selber, daß du den Wurstl² hast
verdreht.‘

¹ ich. ² Hanswurst (Kasperle).

„,Ja, Lisei!‘ antwortete ich kleinlaut; ,ich glaub’ es selber, daß ich das getan habe.‘

— — „,Ja, du! — Und i[1] hab’ dir’s doch g’sagt!‘

„Lisei, was soll ich tun?‘

— „,Nu, halt nix!‘[2]

„Aber was soll denn daraus werden?‘

— „,Nu, halt aa nix!‘[3] Sie begann wieder, laut zu weinen. ,Aber i,[1] — wenn i z’[4] Haus komm’ — da krieg’ i[1] die Peitsch’n!‘[5]

„Du die Peitsche, Lisei!‘ — Ich fühlte mich ganz vernichtet. ,Aber ist dein Vater denn so strenge?‘

„Ach, mei gut’s Vaterl!‘[6] schluchzte Lisei.

„Also die Mutter! O, wie ich, außer mir selber, diese Frau haßte, die immer mit ihrem Holzgesicht an der Kasse saß!

„Von der Bühne hörte ich Kasperl, den zweiten, rufen: ,Das Stück ist aus! Komm, Gret’l,[7] laß uns Kehraus tanzen!‘ Und in demselben Augenblicke begann auch über unseren Köpfen das Scharren und Trappeln mit den Füßen, und bald polterte alles von den Bänken herunter und drängte sich dem Ausgange zu; zuletzt kam der Stadtmusikus mit seinen Gesellen, wie ich aus den Tönen des Brummbasses hörte, mit dem sie beim Fortgehen an den Wänden anstießen. Dann, allmählich, wurde es still, nur hinten auf der Bühne hörte man noch die Tendlerschen

---

[1] ich. [2] Nun, nichts. [3] Nun, eben auch nichts.
[4] ich nach (zu). [5] Peitsche.
[6] mein guter Vater (gutes Väterchen). [7] Grete (Gretchen).

Eheleute miteinander reden und wirtschaften. Nach einer
Weile kamen auch sie in den Zuschauerraum; sie schienen
erst an den Musikantenpulten, dann an den Wänden die
Lichter auszuputzen; denn es wurde allmählich immer
finsterer.

„Wenn i¹ nur wüßt', wo die Lisei abblieben² ist!' hörte
ich Herrn Tendler zu seiner an der gegenüberliegenden
Wand beschäftigten Frau hinüberrufen.

„Wo sollt' sie sein!' rief diese wieder; ,'s ist 'n³ störrig
Ding; ins Quartier wird sie gelaufen sein!'

„Frau,' antwortete der Mann, ,du bist auch zu wüst
mit dem Kind gewesen; sie hat doch halt so a weich's⁴
Gemüt!'

„Ei was,' rief die Frau; ,ihre Straf' muß sie hab'n; sie
weiß recht gut, daß die schöne Marionett' noch von mein'm
Vater selig ist! Du wirst sie nit wieder kurieren, und der
zweit' Kasper ist doch halt⁵ nur ein Notknecht.'

„Die lauten Wechselreden hallten in dem leeren Saale
wider. Ich hatte mich neben Lisei hingekauert; wir hatten
uns bei den Händen gefaßt und saßen mäuschenstille.

„G'schieht⁶ mir aber schon recht,' begann wieder die
Frau, die eben gerade über unseren Köpfen stand, ,warum
hab' ich's gelitten, daß du das gotteslästerlich' Stück heute
wieder aufgeführt hast! Mein Vater selig hat's nimmer
wollen in seinen letzten Jahren!'

„Nu, nu, Resel!'⁷ rief Herr Tendler von der anderen

¹ ich. ² geblieben. ³ ein. ⁴ so ein weiches. ⁵ eben.
⁶ Das (Es) geschieht. ⁷ Nun, nun, Therese (Thereschen).

Wand; ,dein Vater war ein b'sondrer Mann. Das Stück
gibt doch allfort[1] eine gute Kassa; und ich mein', es ist doch
auch a Lehr' und Beispiel[2] für die vielen Gottlosen in der
Welt!'

5 „,Ist aber bei uns zum letztenmal heut' geb'n.[3] Und
nu[4] red' mir nit mehr davon!' erwiderte die Frau.

„Herr Tendler schwieg. — Es schien jetzt nur noch ein
Licht zu brennen, und die beiden Eheleute näherten sich dem
Ausgange.

10 „,Lisei!' flüsterte ich, ,wir werden eingeschlossen.'

„,Laß!' sagte sie, ,i kann nit; i geh' nit furt!'[5]

„,Dann bleib' ich auch!'

— „,Aber dei Vater und Mutter!'[6]

„,Ich bleib' doch bei dir!'

15 „Jetzt wurde die Tür des Saales zugeschlagen; — dann
ging's die Treppe hinab, und dann hörten wir, wie draußen
auf der Straße die große Haustür abgeschlossen wurde.

„Da saßen wir denn. Wohl eine Viertelstunde saßen
wir so, ohne auch nur ein Wort miteinander zu reden.
20 Zum Glück fiel mir ein, daß sich noch zwei Heißewecken in
meiner Tasche befanden, die ich für einen meiner Mutter
abgebettelten Schilling auf dem Herwege gekauft und über
all dem Schauen ganz vergessen hatte. Ich steckte Lisei
den einen in ihre kleinen Hände; sie nahm ihn schweigend,
25 als verstehe es sich von selbst, daß ich das Abendbrot besorge,
und wir schmausten eine Weile. Dann war auch das zu

---

[1] immerfort.   [2] eine Lehre und (ein) Beispiel.   [3] gegeben.
[4] nun.   [5] fort.   [6] dein Vater und (beine) Mutter.

Ende. — Ich stand auf und sagte: ‚Laß uns hinter die
Bühne gehen, da wird's heller sein; ich glaub', der Mond
scheint draußen!' Und Lisei ließ sich geduldig durch die
kreuz und quer stehenden Latten von mir in den Saal
hinausleiten.   5

„Als wir hinter der Verkleidung in den Bühnenraum
geschlüpft waren, schien dort vom Garten her das helle
Mondlicht in die Fenster.

„An dem Drahtseil, an dem am Vormittag nur die
beiden Puppen gehangen hatten, sah ich jetzt alle, die vor- 10
hin im Stück aufgetreten waren. Da hing der Doktor
Faust mit seinem scharfen blassen Gesicht, der gehörnte
Mephistopheles, die drei kleinen schwarzhaarigen Teufelchen, und dort neben der geflügelten Kröte waren auch die
beiden Kasperls. Ganz stille hingen sie da in der bleichen 15
Mondscheinbeleuchtung; fast wie Verstorbene kamen sie
mir vor. Der Hauptkasperl hatte zum Glück wieder
seinen breiten Nasenschnabel auf der Brust liegen, sonst
hätte ich geglaubt, daß seine Blicke mich verfolgen
müßten.   20

„Nachdem Lisei und ich eine Weile, nicht wissend, was
wir beginnen sollten, an dem Theatergerüst umhergestanden
und geklettert waren, lehnten wir uns nebeneinander auf
die Fensterbank. — Es war Unwetter geworden; am Himmel, gegen den Mond, stieg eine Wolkenbank empor; drun- 25
ten im Garten konnte man die Blätter zu Haufen von den
Bäumen wehen sehen.

„‚Guck',' sagte Lisei nachdenklich, ‚wie's da aufsigschwomma[1] kimmt![2] Da kann mei[3] alte. gute Bas' nit mehr vom Himm'l abischaun.'[4]

„‚Was für eine alte Bas', Lisei?' fragte ich.

— „‚Nu, wo i g'west[5] bin, bis sie halt g'storb'n ist.'

„Dann blickten wir wieder in die Nacht hinaus. — Als der Wind gegen das Haus und auf die kleinen undichten Fensterscheiben stieß, fing hinter mir an dem Drahtseil die stille Gesellschaft mit ihren hölzernen Gliedern an zu klappern. Ich drehte mich unwillkürlich um und sah nun, wie sie, vom Zugwind bewegt, mit den Köpfen wackelten und die steifen Arme und Beine durcheinanderregten. Als aber plötzlich der kranke Kasperl seinen Kopf zurückschlug und mich mit seinen weißen Augen anstierte, da dachte ich, es sei doch besser, ein wenig an die Seite zu gehen.

„Unweit vom Fenster, aber so, daß die Kulissen dort vor dem Anblick dieser schwebenden Tänzer schützen mußten, stand die große Kiste; sie war offen; ein paar wollene Decken, vermutlich zum Verpacken der Puppen bestimmt, lagen nachlässig darüber hingeworfen.

„Als ich mich eben dorthin begeben wollte, hörte ich Lisei vom Fenster her so recht aus Herzensgrunde gähnen.

„‚Bist du müde, Lisei?' fragte ich.

„‚O nei,'[6] erwiderte sie, indem sie ihre Ärmchen fest zusammenschränkte; ‚aber i[7] frier' halt!'

„Und wirklich, es war kalt geworden in dem großen

---

[1] (her)aufgeschwommen.   [2] kommt.   [3] meine.
[4] (her)abschauen.   [5] ich gewesen.   [6] nein.   [7] ich.

leeren Raume, auch mich fror. ‚Komm hierher!‘ ſagte ich,
‚wir wollen uns in die Decken wickeln.‘

„Gleich darauf ſtand Liſei bei mir und ließ ſich geduldig
von mir in die eine Decke wickeln; ſie ſah aus wie eine
Schmetterlingspuppe, nur daß oben noch das allerliebſte
Geſichtchen herausguckte. ‚Weißt,‘[1] ſagte ſie und ſah mich
mit zwei großen müden Augen an, ‚i[2] ſteig’ ins Kiſt’l,[3] da
hält’s[4] warm!‘

„Das leuchtete auch mir ein; im Verhältnis zu der
wüſten Umgebung winkte hier ſogar ein traulicher Raum,
faſt wie ein dichtes Stübchen. Und bald ſaßen wir armen
törichten Kinder, wohlverpackt und dicht aneinanderge=
ſchmiegt, in der hohen Kiſte. Mit Rücken und Füßen
hatten wir uns gegen die Seitenwände geſtemmt; in der
Ferne hörten wir die ſchwere Saaltür in den Falzen klappen;
wir aber ſaßen ganz ſicher und behaglich.

„‚Friert dich noch, Liſei?‘ fragte ich.

„‚Ka biſſerl!‘[5]

„Sie hatte ihr Köpfchen auf meine Schulter ſinken laſſen;
ihre Augen waren ſchon geſchloſſen. ‚Was wird mei gut’s
Vaterl[6] — — —,‘ lallte ſie noch; dann hörte ich an ihren
gleichmäßigen Atemzügen, daß ſie eingeſchlafen war.

„Ich konnte von meinem Platz aus durch die oberen
Scheiben des einen Fenſters ſehen. Der Mond war aus
ſeiner Wolkenhülle wieder hervorgeſchwommen, in der er
eine Zeitlang verborgen geweſen war; die alte Baſ’ konnte

[1] Weißt du.   [2] ich.   [3] in die Kiſte.   [4] iſt es.
[5] Kein bißchen.   [6] mein guter Vater (mein gutes Väterchen).

jetzt wieder vom Himmel herunterschauen, und ich denke
wohl, sie hat's recht gern getan.　Ein Streifen Mondlicht
fiel auf das Gesichtchen, das nahe an dem meinen ruhte;
die schwarzen Augenwimpern lagen wie seidene Fransen auf
den Wangen, der kleine rote Mund atmete leise, nur mit=
unter zuckte noch ein kurzes Schluchzen aus der Brust her=
auf; aber auch das verschwand; die alte Bas' schaute gar
so mild vom Himmel. — Ich wagte mich nicht zu rühren.
‚Wie schön müßte es sein,' dachte ich, ‚wenn das Lisei deine
Schwester wäre, wenn sie dann immer bei dir bleiben
könnte!'　Denn ich hatte keine Geschwister, und wenn ich
auch nach Brüdern kein Verlangen trug, so hatte ich mir
doch oft das Leben mit einer Schwester in meinen Gedanken
ausgemalt, und konnte es nie begreifen, wenn meine Kame=
raden mit denen, die sie wirklich besaßen, in Zank und
Schlägerei gerieten.

„Ich muß über solchen Gedanken doch wohl eingeschlafen
sein; denn ich weiß noch, wie mir allerlei wildes Zeug ge=
träumt hat.　Mir war, als säße ich mitten in dem Zu=
schauerraum; die Lichter an den Wänden brannten, aber
niemand außer mir saß auf den leeren Bänken.　Über mei=
nem Kopfe, unter der Balkendecke des Saales, ritt Kasperl
auf dem höllischen Sperling in der Luft herum und rief
einmal übers andere: ‚Schlimm's[1] Brüderl!　Schlimm's
Brüderl!' oder auch mit kläglicher Stimme: ‚Mein Arm!
Mein Arm!'

„Da wurde ich von einem Lachen aufgeweckt, das über

---

[1] Schlimmer Bruder (Schlimmes Brüderlein).

meinem Kopf erschallte; vielleicht auch von dem Licht=
schein, der mir plötzlich in die Augen fiel. ‚Nun seh' mir
einer dieses Vogelnest!' hörte ich die Stimme meines
Vaters sagen, und dann etwas barscher: ‚Steig' heraus,
Junge!'

„Das war der Ton, der mich stets mechanisch in die
Höhe trieb. Ich riß die Augen auf und sah meinen Vater
und das Tendlersche Ehepaar an unserer Kiste stehen; Herr
Tendler trug eine brennende Laterne in der Hand. Meine
Anstrengung, mich zu erheben, wurde indessen durch Lisei
vereitelt, die, noch immer fortschlafend, mit ihrer ganzen
kleinen Last mir auf die Brust gesunken war. Als sich aber
jetzt zwei knochige Arme ausstreckten, um sie aus der Kiste
herauszuheben, und ich das Holzgesicht der Frau Tendler
sich auf uns niederbeugen sah, da schlug ich die Arme so
ungestüm um meine kleine Freundin, daß ich dabei der
guten Frau fast ihren alten italienischen Strohhut vom
Kopfe gerissen hätte.

„‚Nu, nu, Bub'!'[1] rief sie und trat einen Schritt zurück;
ich aber, aus unserer Kiste heraus, erzählte mit geflügelten
Worten, und ohne mich dabei zu schonen, was am Vormit=
tag geschehen war.

„‚Also, Madame Tendler,' sagte mein Vater, als ich mit
meinem Bericht zu Ende war, und machte zugleich eine sehr
verständliche Handbewegung, ‚da könnten Sie es mir ja
wohl überlassen, dieses Geschäft allein mit meinem Jungen
abzumachen.'

[1] Nun, nun, Junge.

„Ach ja, ach ja!' rief ich eifrig, als wenn mir soeben der
angenehmste Zeitvertreib verheißen wäre.

„Lisei war indessen auch erwacht und von ihrem Vater
auf den Arm genommen worden. Ich sah, wie sie die Arme
5 um seinen Hals schlang und ihm bald eifrig ins Ohr
flüsterte, bald ihm zärtlich in die Augen sah oder wie be=
teuernd mit dem Köpfchen nickte. Gleich darauf ergriff
auch der Puppenspieler die Hand meines Vaters. ‚Lieber
Herr,' sagte er, ‚die Kinder bitten füreinander. Mutter,
10 du bist ja auch nit gar so schlimm! Lassen wir es diesmal
halt dabei!'

„Madame Tendler sah indes noch immer unbeweglich
aus ihrem großen Strohhute. ‚Du mägst selb[1] schauen,
wie du ohne den Kasperl fertig wirst!' sagte sie mit einem
15 strengen Blick auf ihren Mann.

„In dem Antlitz meines Vaters sah ich ein gewisses
lustiges Augenzwinkern, das mir Hoffnung machte, es
werde das Unwetter diesmal so an mir vorüberziehen; und
als er jetzt sogar versprach, am anderen Tage seine Kunst
20 zur Herstellung des Invaliden aufzubieten, und dabei
Madame Tendlers italienischer Strohhut in die hold=
seligste Bewegung geriet, da war ich sicher, daß wir beider=
seits im trocknen waren.

„Bald marschierten wir unten durch die dunklen Gassen,
25 Herr Tendler mit der Laterne voran, wir Kinder Hand in
Hand den Alten nach. — Dann ‚Gut' Nacht, Paul! Ach,
will i schlaf'n!' Und weg war das Lisei; ich hatte gar

[1] selbst.

nicht gemerkt, daß wir schon bei unseren Wohnungen an=
gekommen waren.

„Am anderen Vormittag, als ich aus der Schule ge=
kommen war, traf ich Herrn Tendler mit seinem Töchter=
chen schon in unserer Werkstatt. ‚Nun, Herr Kollege,‘ sagte 5
mein Vater, der eben das Innere der Puppe untersuchte,
‚das sollte denn doch schlimm zugehen, wenn wir zwei
Mechanizi den Burschen hier nicht wieder auf die Beine
brächten!‘

„‚Gel,¹ Vater,‘ rief das Lisei, ‚da werd aa² die Mutter 10
nit mehr brumm’n!‘

„Herr Tendler strich zärtlich über das schwarze Haar
des Kindes; dann wendete er sich zu meinem Vater, der
ihm die Art der beabsichtigten Reparatur auseinandersetzte.
‚Ach, lieber Herr,‘ sagte er, ‚ich bin kein Mechanikus, den 15
Titel habe ich nur so mit den Puppen überkommen; ich bin
eigentlich meines Zeichens ein Holzschnitzer aus Berchtes=
gaden. Aber mein Schwiegervater selig — Sie haben
gewiß von ihm gehört —, das war halt einer, und mein
Reserl³ hat noch allweg⁴ ihr klein’s Gaudi,⁵ daß sie die 20
Tochter vom berühmten Puppenspieler Geißelbrecht ist.
Der hat auch die Mechanik in dem Kasperl da g’macht; ich
hab’ ihm derzeit nur ’s⁶ G’sicht ausgeschnitten.‘

„‚Ei nun, Herr Tendler,‘ erwiderte mein Vater, ‚das

¹ Gelt.   ² wird auch.   ³ meine Therese.
⁴ immer.   ⁵ Gaudium (ihre kleine Freude).   ⁶ das.

ist ja auch schon eine Kunst. Und dann — sagt mir nur,
wie war's denn möglich, daß Ihr Euch gleich zu helfen
wußtet, als die Schandtat meines Jungen da so mitten
in dem Stück zum Vorschein kam?'

5   „Das Gespräch begann mir etwas unbehaglich zu werden;
in Herrn Tendlers gutmütigem Angesicht aber leuchtete
plötzlich die ganze Schelmerei des Puppenspielers. ‚Ja,
lieber Herr,' sagte er, ‚da hat man halt für solche Fäll' sein
G'spaßerl[1] in der Taschen![2] Auch ist da noch so ein Bru=
10 derssöhnerl,[3] ein Wurstl[4] Nummer zwei, der g'rad' 'ne[5]
solche Stimm' hat wie dieser da!'

„Ich hatte indessen die Lisei am Kleide gezupft und war
glücklich mit ihr nach unserem Garten entkommen. Hier
unter der Linde saßen wir, die auch über uns beide jetzt ihr
15 grünes Dach ausbreitet; nur blühten damals nicht mehr die
roten Nelken auf den Beeten dort; aber ich weiß noch wohl,
es war ein sonniger Septembernachmittag. Meine Mutter
kam aus ihrer Küche und begann ein Gespräch mit dem
Puppenspielerkinde; sie hatte denn doch auch so ihre kleine
20 Neugierde.

„Wie es denn heiße, fragte sie, und ob es denn schon
immer so von Stadt zu Stadt gefahren sei? — — Ja,
Lisei heiße es — ich hatte das meiner Mutter auch schon
oft genug gesagt —, aber dies sei seine erste Reis'; drum
25 könne es auch das Hochdeutsch noch nit so völlig sirti[6] krieg'n.

---

[1] seinen Spaß (sein Späßchen).   [2] Tasche.
[3] Brudersohn (Brudersöhnchen).   [4] Kasperl (Hanswurst).
[5] eine.   [6] fertig.

— — Ob es denn auch zur Schule gegangen sei? — —
Freili;[1] es sei scho[2] zur Schul' gang'n;[3] aber das Nähen
und Stricken habe es von seiner alten Baf' gelernt; die habe
auch so a Gärt'l[4] g'habt, da drin hätten sie zusammen auf
dem Bänkerl[5] gesessen; nun lerne es bei der Mutter, aber 5
die sei gar streng!

„Meine Mutter nickte beifällig. — Wie lange ihre Eltern
denn wohl hier verweilen würden? fragte sie das Lisei wie=
der. — — Ja, das wüßte es nit, das käme auf die Mutter
an; doch pflegten sie so ein vier Wochen am Orte zu bleiben. 10
— — Ja, ob's denn auch ein warmes Mäntelchen für die
Weiterreise habe; denn so im Oktober würde es schon kalt
auf dem offenen Wägelchen. — — Nun, meinte Lisei, ein
Mäntelchen habe sie schon, aber ein dünnes sei es nur; es
hab' sie auch schon drin gefroren auf der Herreis'. 15

„Und jetzt befand sich meine gute Mutter auf dem Fleck,
wonach ich sie schon lange hatte zusteuern sehen. ‚Hör',
kleine Lisei,' sagte sie, ‚ich habe einen braven Mantel in
meinem Schranke hängen, noch von den Zeiten her, da ich
ein schlankes Mädchen war; ich bin aber jetzt herausgewach= 20
sen und habe keine Tochter, für die ich ihn noch zurecht=
schneidern könnte. Komm nur morgen wieder, Lisei, da
steckt ein warmes Mäntelchen für dich darin.'

„Lisei wurde rot vor Freude und hatte im Umsehen
meiner Mutter die Hand geküßt, worüber diese ganz ver= 25
legen wurde; denn du weißt, hierzulande verstehen wir uns

---

[1] Freilich.   [2] schon.   [3] gegangen.
[4] einen Garten (ein Gärtchen).   [5] der Bank (dem Bänkchen).

schlecht auf solche Narreteien! — Zum Glück kamen jetzt
die beiden Männer aus der Werkstatt. ‚Für diesmal geret=
tet,‘ rief mein Vater; ‚aber — —!‘ Der warnend gegen
mich geschüttelte Finger war das Ende meiner Buße.

5 „Fröhlich lief ich ins Haus und holte auf Geheiß mei=
ner Mutter deren großes Umschlagetuch; denn um den kaum
Genesenen vor dem zwar wohlgemeinten, aber immerhin
unbequemen Zujauchzen der Gassenjugend zu bewahren,
das ihn auf seinem Herwege begleitet hatte, wurde der
10 Kasperl jetzt sorgsam eingehüllt; dann nahm Lisei ihn auf
den Arm, Herr Tendler das Lisei an der Hand, und so,
unter Dankesversicherungen, zogen sie vergnügt die Straße
nach dem Schützenhof hinab.

                              *
                              ⸱

„Und nun begann eine Zeit des schönsten Kinderglückes.
15 — Nicht nur am anderen Vormittage, sondern auch an den
folgenden Tagen kam das Lisei; denn sie hatte nicht abge=
lassen, bis ihr gestattet worden, auch selbst an ihrem neuen
Mäntelchen zu nähen. Zwar war’s wohl mehr nur eine
Scheinarbeit, die meine Mutter in ihre kleinen Hände legte;
20 aber sie meinte doch, das Kind müßte recht ordentlich an=
gehalten sein. Ein paarmal setzte ich mich daneben und
las aus einem Bande von Weiße’s Kinderfreunde vor, den
mein Vater einmal auf einer Auktion für mich gekauft
hatte, zum Entzücken Liseis, der solche Unterhaltungsbücher
25 noch unbekannt waren. ‚Das is¹ g’schickt!‘ oder ‚Ei du,

                    ¹ ift.

was geit's¹ für Sachan² auf der Welt!' Dergleichen Worte
rief sie oft dazwischen und legte die Hände mit ihrer Nähar=
beit in den Schoß. Mitunter sah sie mich auch von unten
mit ganz klugen Augen an und sagte: ‚Ja, wenn's Ge=
schicht'l³ nur nit derlog'n⁴ is!' — Mir ist's, als hörte ich 5
es noch heute."

— — Der Erzähler schwieg, und in seinem schönen
männlichen Antlitz sah ich einen Ausdruck stillen Glückes,
als sei das alles, was er mir erzählte, zwar vergangen, aber
keineswegs verloren. Nach einer Weile begann er wieder. 10
„Meine Schularbeiten machte·ich niemals besser als in
jener Zeit; denn ich fühlte wohl, daß das Auge meines Va=
ters mich strenger als je überwachte, und daß ich mir den
Verkehr mit den Puppenspielerleuten nur um den Preis
eines strengen Fleißes erhalten könne. ‚Es sind reputier= 15
liche Leute, die Tendlers,' hörte ich einmal meinen Vater
sagen; ‚der Schneiderwirt drüben hat ihnen auch heute ein
ordentliches Stübchen eingeräumt; sie zahlen jeden Morgen
ihre Zeche; nur, meinte der Alte, sei es leider blitzwenig,
was sie draufgehen ließen. — Und das,' setzte mein Vater 20
hinzu, ‚gefällt mir besser als dem Herbergsvater; sie mögen
an den Notpfennig denken, was sonst nicht die Art solcher
Leute ist.' — — Wie gern hörte ich meine Freunde loben!
Denn das waren sie jetzt alle; sogar Madame Tendler
nickte ganz vertraulich aus ihrem Strohhute, wenn ich — 25
keiner Einlaßkarte mehr bedürftig — abends an ihrer

¹ gibt's.   ² Sachen.   ³ die Geschichte (das Geschichtchen).
⁴ erlogen.

Kaffe vorbei in den Saal schlüpfte. — Und wie rannte ich
jetzt vormittags aus der Schule! Ich wußte wohl, zu
Hause traf ich das Lifei entweder bei meiner Mutter in der
Küche, wo fie allerlei kleine Dienfte für fie zu verrichten
5 wußte, oder es faß auf der Bank im Garten, mit einem
Buch oder mit einer Näharbeit in der Hand. Und bald
wußte ich fie auch in meinem Dienfte zu befchäftigen; denn
nachdem ich mich genügend in den inneren Zufammen=
hang der Sache eingeweiht glaubte, beabfichtigte ich nichts
10 Geringeres, als nun auch meinerfeits ein Marionetten=
theater einzurichten. Vorläufig begann ich mit dem Aus=
fchnitzen der Puppen, wobei Herr Tendler, nicht ohne eine
gutmütige Schelmerei in feinen kleinen Augen, mir in der
Wahl des Holzes und der Schnitzmeffer mit Rat und
15 Hilfe zur Hand ging; und bald ragte auch in der Tat eine
mächtige Kafperlenafe aus dem Holzblöckchen in die Welt.
Da aber andererfeits der Nankinganzug des ‚Wurftl‘[1] mir
zu wenig intereffant erfchien, fo mußte indeffen das Lifei
aus ‚Fetzeln,‘[2] die wiederum der alte Gabriel hatte her=
20 geben müffen, gold= und filberbefetzte Mäntel und Wämfer
für. Gott weiß welch andere künftige Puppen anfertigen.
Mitunter trat auch der alte Heinrich mit feiner kurzen
Pfeife aus der Werkftatt zu uns, ein Gefelle meines Vaters,
der, folang ich denken konnte, zur Familie gehörte; er
25 nahm mir dann wohl das Meffer aus der Hand und gab
durch ein paar Schnitte dem Dinge hie und da den rechten
Schick. Aber fchon wollte meiner Phantafie felbft der

---

[1] Kafperle (Hanswurfts).   [2] Fetzchen.

Tendlerſche Haupt= und Prinzipalkaſperl nicht mehr ge=
nügen; ich wollte noch etwas ganz anderes leiſten; für
den meinigen erſann ich noch drei weitere, nie dageweſene
und höchſt wirkungsvolle Gelenke, er ſollte ſeitwärts mit
dem Kinne wackeln, die Ohren hin und her bewegen und die 5
Unterlippe auf= und abklappen können; und er wäre auch
jedenfalls ein ganz unerhörter Prachtkerl geworden, wenn
er nur nicht ſchließlich über all ſeinen Gelenken ſchon in der
Geburt zugrunde gegangen wäre. Auch ſollte leider weder
der Pfalzgraf Siegfried, noch irgendein anderer Held des 10
Puppenſpiels durch meine Hand zu einer fröhlichen Auf=
erſtehung gelangen. — Beſſer glückte es mir mit dem Bau
einer unterirdiſchen Höhle, in der ich an kalten Tagen mit
Liſei auf einem Bänkchen zuſammenſaß und ihr bei dem
ſpärlichen Lichte, das durch eine oben angebrachte Fenſter= 15
ſcheibe fiel, die Geſchichten aus dem Weißeſchen Kinder=
freunde vorlas, die ſie immer von neuem hören konnte.
Meine Kameraden neckten mich wohl und ſchalten mich einen
Mädchenknecht, weil ich, ſtatt wie ſonſt mit ihnen, jetzt mit
der Puppenſpielertochter meine Zeit zubrachte. Mich küm= 20
merte das wenig; wußte ich doch, es redete nur der Neid
aus ihnen, und wo es mir zu arg wurde, da brauchte ich
denn auch einmal ganz wacker meine Fäuſte.

— — „Aber alles im Leben iſt nur für eine Spanne
Zeit. Die Tendlers hatten ihre Stücke durchgeſpielt; die 25
Puppenbühne auf dem Schützenhofe wurde abgebrochen; ſie
rüſteten ſich zum Weiterziehen.

„Und ſo ſtand ich denn an einem ſtürmiſchen Oktober=

nachmittage draußen vor unserer Stadt auf dem hohen
Heiderücken, sah bald traurig auf den breiten Sandweg, der
nach Osten in die kahle Gegend hinausläuft, bald sehnsüchtig
nach der Stadt zurück, die in Dunst und Nebel in der Niede=
5 rung lag. Und da kam es herangetrabt, das kleine Wägel=
chen mit den zwei hohen Kisten darauf und dem munteren
braunen Pferd in der Gabeldeichsel. Herr Tendler saß jetzt
vorn auf einem Brettchen, hinter ihm Lisei in dem neuen
warmen Mäntelchen neben ihrer Mutter. — Ich hatte schon
10 vor der Herberge von ihnen Abschied genommen; dann aber
war ich vorausgelaufen, um sie alle noch einmal zu sehen,
und um Lisei, wozu ich von meinem Vater die Erlaubnis
erhalten hatte, den Band von Weißes Kinderfreund als
Andenken mitzugeben; auch eine Tüte mit Kuchen hatte ich
15 um einige ersparte Sonntagssechslinge für sie eingehan=
delt. — ‚Halt! Halt!' rief ich jetzt und stürzte von meinem
Heidehügel auf das Fuhrwerk zu. — Herr Tendler zog die
Zügel an, der Braune stand, und ich reichte Lisei meine
kleinen Geschenke in den Wagen, die sie neben sich auf den
20 Stuhl legte. Als wir uns aber, ohne ein Wort zu sagen,
an beiden Händen griffen, da brachen wir armen Kinder in
ein lautes Weinen aus. Doch in demselben Augenblicke
peitschte auch schon Herr Tendler auf sein Pferdchen.
‚Ade, mein Bub'! Bleib' brav und dank' aa no[1] schön
25 bei'm Vaterl[2] und bei'm Mutterl!'[3]

  „‚Ade! Ade!' rief das Lisei; das Pferdchen zog an, das

---

[1] auch noch.   [2] deinem Vater (Väterchen).
[3] deiner Mutter (deinem Mütterchen).

Glöckchen an seinem Halse bimmelte; ich fühlte die kleinen Hände aus den meinen gleiten, und fortfuhren sie, in die weite Welt hinaus.

„Ich war wieder am Rande des Weges emporgestiegen und blickte unverwandt dem Wägelchen nach, wie es durch den stäubenden Sand dahinzog. Immer schwächer hörte ich das Gebimmel des Glöckchens; einmal noch sah ich ein weißes Tüchelchen um die Kisten flattern; dann, allmählich, verlor es sich mehr in den grauen Herbstnebeln. — Da fiel es plötzlich wie eine Todesangst mir auf das Herz: du siehst sie nimmer, nimmer wieder! — — ‚Lisei!‘ schrie ich, ‚Lisei!‘ — Als aber dessenungeachtet, vielleicht wegen einer Biegung der Landstraße, der nur noch im Nebel schwimmende Punkt jetzt völlig meinen Augen entschwand, da rannte ich wie unsinnig auf dem Wege hinterdrein. Der Sturm riß mir die Mütze vom Kopfe, meine Stiefel füllten sich mit Sand; aber soweit ich laufen mochte, ich sah nichts anderes als die öde baumlose Gegend und den kalten grauen Himmel, der darüber stand.

„Als ich endlich bei einbrechender Dunkelheit zu Hause wieder angelangt war, hatte ich ein Gefühl, als sei die ganze Stadt indessen ausgestorben. Es war eben der erste Abschied meines Lebens.

„Wenn in den nun folgenden Jahren der Herbst wiederkehrte, wenn die Krammetsvögel durch die Gärten unserer Stadt flogen und drüben vor der Schneiderherberge die ersten gelben Blätter von den Lindenbäumen wehten, dann saß ich wohl manches Mal auf unserer Bank und dachte,

ob nicht endlich einmal das Wägelchen mit dem braunen
Pferde, wie damals, wieder die Straße heraufgebimmelt
kommen würde.

„Aber ich wartete umsonst, das Lisei kam nicht wieder.

＊   ＊

5   „Es war um zwölf Jahre später. — Ich hatte nach der
Rechenmeisterschule, wie es damals manche Handwerker=
söhne zu tun pflegten, auch noch die Quarta unserer Ge=
lehrtenschule durchgemacht und war dann bei meinem Vater
in die Lehre getreten. Auch diese Zeit, in der ich mich,
10 außer meinem Handwerk, vielfach mit dem Lesen guter
Bücher beschäftigte, war vorübergegangen. Jetzt, nach
dreijähriger Wanderschaft, befand ich mich in einer mittel=
deutschen Stadt. Es war streng katholisch dort, und in
dem Punkte verstanden sie keinen Spaß; wenn man vor
15 ihren Prozessionen, die mit Gesang und Heiligenbildern
durch die Straßen zogen, nicht selbst den Hut abnahm, so
wurde er einem auch wohl heruntergeschlagen; sonst aber
waren es gute Leute. — Die Frau Meisterin, bei der ich
in Arbeit stand, war eine Witwe, deren Sohn gleich mir
20 in der Fremde arbeitete, um die nach den Zunftgesetzen
vorgeschriebenen Wanderjahre bei der späteren Bewerbung
um das Meisterrecht nachweisen zu können. Ich hatte es
gut in diesem Hause; die Frau tat mir, wovon sie wünschen
mochte, daß es in der Ferne andere Leute an ihrem Kinde
25 tun möchten, und bald war unter uns das Vertrauen so
gewachsen, daß das Geschäft so gut wie ganz in meinen

Händen lag. — Jetzt steht unser Joseph dort bei ihrem
Sohn in Arbeit, und die Alte, so hat er oft geschrieben,
hätschelt mit ihm, als wäre sie die leibhaftige Großmutter
zu dem Jungen.

„Nun, damals saß ich eines Sonntagnachmittags mit
meiner Frau Meisterin in der Wohnstube, deren Fenster
der Tür des großen Gefangenhauses gegenüberlagen. Es
war im Januar; das Thermometer stand zwanzig Grade
unter Null; draußen auf der Gasse war kein Mensch zu
sehen; mitunter kam der Wind pfeifend von den nahen
Bergen herunter und jagte kleine Eisstücke klingend über
das Straßenpflaster.

„‚Da behagt 'n[1] warmes Stübchen und 'n heißes Schälchen Kaffee,‘ sagte die Meisterin, indem sie mir die Tasse
zum drittenmal vollschenkte.

„Ich war ans Fenster getreten. Meine Gedanken gingen in die Heimat; nicht zu lieben Menschen, die hatte ich
dort nicht mehr, das Abschiednehmen hatte ich jetzt gründlich gelernt. Meiner Mutter war mir noch vergönnt gewesen selbst die Augen zuzudrücken; vor einigen Wochen
hatte ich nun auch den Vater verloren, und bei dem damals noch so langwierigen Reisen hatte ich ihn nicht einmal
zu seiner Ruhestatt begleiten können. Aber die väterliche
Werkstatt wartete auf den Sohn ihres heimgegangenen
Meisters. Indes, der alte Heinrich war noch da und
konnte mit Genehmigung der Zunftmeister die Sache schon
eine kurze Zeitlang aufrecht halten; und so hatte ich denn

---

[1] ein.

auch meiner guten Meisterin versprochen, noch ein paar
Wochen bis zum Eintreffen ihres Sohnes bei ihr aus=
zuhalten. Aber Ruhe hatte ich nicht mehr, das frische
Grab meines Vaters duldete mich nicht länger in der
5 Fremde.

„In diesen Gedanken unterbrach mich eine scharfe
scheltende Stimme drüben von der Straße her. Als ich
aufblickte, sah ich das schwindsüchtige Gesicht des Gefäng=
nisinspektors sich aus der halbgeöffneten Tür des Gefan=
10 genhauses hervorrecken; seine erhobene Faust drohte einem
jungen Weibe, das, wie es schien, fast mit Gewalt in
diese sonst gefürchteten Räume einzudringen strebte.

„‚Wird wohl was Liebes drinnen haben,‘ sagte die Mei=
sterin, die von ihrem Lehnstuhl aus ebenfalls dem Vorgange
15 zugesehen hatte; ‚aber der alte Sünder drüben hat kein Herz
für die Menschheit.‘

„‚Der Mann tut wohl nur seine Pflicht, Frau Mei=
sterin,‘ sagte ich, noch immer in meinen eigenen Gedanken.

„‚Ich möcht’ nicht solche Pflicht zu tun haben,‘ erwi=
20 derte sie und lehnte sich fast zornig in ihren Stuhl zurück.

„Drüben war indes die Tür des Gefangenhauses zuge=
schlagen, und das junge Weib, nur mit einem kurzen wehen=
den Mäntelchen um die Schultern und einem schwarzen
Tüchelchen um den Kopf geknotet, ging langsam die über=
25 eiste Straße hinab. — Die Meisterin und ich waren schwei=
gend auf unserem Platze geblieben; ich glaube — denn auch
meine Teilnahme war jetzt erweckt —, es war uns beiden,
als ob wir helfen müßten und nur nicht wüßten, wie.

„Als ich eben vom Fenster zurücktreten wollte, kam das Weib wieder die Straße herauf. Vor der Tür des Ge= fangenhauses blieb sie stehen und setzte zögernd einen Fuß auf den zur Schwelle führenden Treppenstein; dann aber wandte sie den Kopf zurück, und ich sah ein junges Antlitz, dessen dunkle Augen mit dem Ausdruck ratlosester Ver= lassenheit über die leere Gasse streiften; sie schien doch nicht den Mut zu haben, noch einmal der drohenden Beamten= faust entgegenzutreten. Langsam und immer wieder nach der geschlossenen Tür zurückblickend, setzte sie ihren Weg fort; man sah es deutlich, sie wußte selbst nicht, wohin. Als sie jetzt aber an der Ecke der Gefangenanstalt in das nach der Kirche hinaufführende Gäßchen einbog, riß ich unwillkürlich meine Mütze vom Türhaken, um ihr nachzu= gehen.

„‚Ja, ja, Paulsen, das ist das Rechte!‘ sagte die gute Meisterin; ‚geht nur, ich werde derweil den Kaffee wieder heiß setzen!‘

„Es war grimmig kalt, als ich aus dem Hause trat; alles schien wie ausgestorben; von dem Berge, der am Ende der Straße die Stadt überragt, sah fast drohend der schwarze Tannenwald herab; vor den Fensterscheiben der meisten Häuser saßen die weißen Eisgardinen; denn nicht jeder hatte, wie meine Meisterin, die Gerechtigkeit von fünf Klaftern Holz auf seinem Hause. — Ich ging durch das Gäßchen nach dem Kirchenplatz; und dort vor dem großen hölzernen Kruzifix, auf der gefrorenen Erde, lag das junge Weib, den Kopf gesenkt, die Hände in den Schoß

gefaltet. Ich trat ſchweigend näher; als ſie aber jetzt zu
dem blutigen Antlitz des Gekreuzigten aufblickte, ſagte ich:
,Verzeiht mir, wenn ich Eure Andacht unterbreche; aber
Ihr ſeid wohl fremd in dieſer Stadt?'

5 „Sie nickte nur, ohne ihre Stellung zu verändern.

„,Ich möchte Euch helfen,' begann ich wieder, ,ſagt mir
nur, wohin Ihr wollt!'

„,I¹ weiß nit² mehr, wohin,' ſagte ſie tonlos und ließ
das Haupt wieder auf ihre Bruſt ſinken.

10 „,Aber in einer Stunde iſt es Nacht; in dieſem Toten=
wetter könnt Ihr nicht länger auf der offenen Straße
bleiben!'

„,Der liebi³ Gott wird helfen,' hörte ich ſie leiſe ſagen.

„,Ja, ja,' rief ich, ,und ich glaube faſt, er hat mich ſelbſt
15 zu Euch geſchickt!'

„Es war, als habe der ſtärkere Klang meiner Stimme
ſie erweckt; denn ſie erhob ſich und trat zögernd auf mich
zu; mit vorgeſtrecktem Halſe näherte ſie ihr Geſicht mehr
und mehr dem meinen, und ihre Blicke drangen auf mich
20 ein, als ob ſie mich damit erfaſſen wollte. ,Paul!'
rief ſie plötzlich, und wie ein Jubelruf flog das Wort
aus ihrer Bruſt — ,Paul! ja, di⁴ ſchickt mir der liebi³
Gott!'

„Wo hatte ich meine Augen gehabt! Da hatte ich es
25 ja wieder, mein Kindsgeſpiel, das kleine Puppenſpieler=
Liſei! Freilich, eine ſchöne ſchlanke Jungfrau war es ge=
worden, und auf dem ſonſt ſo lachenden Kindergeſicht lag

¹ Ich. ² nicht. ³ liebe. ⁴ dich.

jetzt, nachdem der erste Freudenstrahl darüber hingeflogen, der Ausdruck eines tiefen Kummers.

„Wie kommst du so allein hierher, Lisei?' fragte ich. ,Was ist geschehen? wo ist denn dein Vater?'

„Im Gefängnis, Paul.'   5

„Dein Vater, der gute Mann! — Aber komm mit mir; ich stehe hier bei einer braven Frau in Arbeit; sie kennt dich, ich habe ihr oft von dir erzählt.'

„Und Hand in Hand, wie einst als Kinder, gingen wir nach dem Hause meiner guten Meisterin, die uns schon vom 10 Fenster aus entgegensah.

„,Das Lisei ist's!' rief ich, als wir in die Stube traten, ,denkt Euch, Frau Meisterin, das Lisei!'

„Die gute Frau schlug die Hände über ihre Brust zu= sammen. ,Heilige Mutter Gottes, bitt' für uns! das 15 Lisei! — also so hat's ausgeschaut! — Aber,' fuhr sie fort, ,wie kommst denn du mit dem alten Sünder da zusam= men?' — und sie wies mit dem ausgestreckten Finger nach dem Gefangenhause drüben — ,der Paulsen hat mir doch gesagt, daß du ehrlicher Leute Kind bist!'   20

„Gleich darauf aber zog sie das Mädchen weiter in die Stube hinein und drückte sie in ihren Lehnstuhl nie= der, und als jetzt Lisei ihre Frage zu beantworten anfing, hielt sie ihr schon eine dampfende Tasse Kaffee an die Lippen.   25

„,Nun trink' einmal,' sagte sie, ,und komm erst wieder zu dir; die Händchen sind dir ja ganz verklommen.'

„Und das Lisei mußte trinken, wobei ihr zwei helle

Tränen in die Taſſe rollten, und dann erſt durfte ſie
erzählen.

„Sie ſprach jetzt nicht, wie einſt und wie vorhin in der
Einſamkeit ihres Kummers, in dem Dialekt ihrer Heimat,
5 nur ein leichter Anflug war ihr davon geblieben; denn,
waren ihre Eltern auch nicht mehr bis an unſere Küſte
hier hinabgekommen, ſo hatten ſie ſich doch meiſtens in
dem mittleren Deutſchland aufgehalten. Schon vor einigen
Jahren war die Mutter geſtorben. ‚Verlaß den Vater
10 nicht!‘ das hatte ſie der Tochter im letzten Augenblicke noch
ins Ohr geflüſtert, ‚ſein Kindesherz iſt zu gut für dieſe
Welt.‘

„Liſei brach bei dieſer Erinnerung in heftiges Weinen
aus; ſie wollte nicht einmal von der aufs neue vollgeſchenk=
15 ten Taſſe trinken, mit der die Meiſterin ihre Tränen zu
ſtillen gedachte, und erſt nach einer ziemlichen Weile konnte
ſie weiterberichten.

„Gleich nach dem Tode der Mutter war es ihre erſte
Arbeit geweſen, an deren Stelle ſich die Frauenrollen in
20 den Puppenſpielen von ihrem Vater einlernen zu laſſen.
Dazwiſchen waren die Beſtattungsfeierlichkeiten beſorgt und
die erſten Seelenmeſſen für die Tote geleſen; dann, das
friſche Grab hinter ſich laſſend, waren Vater und Tochter
wiederum ins Land hineingefahren und hatten, wie vorher,
25 ihre Stücke abgeſpielt, den verlorenen Sohn, die heilige
Genoveva und wie ſie ſonſt noch heißen mochten.

„So waren ſie geſtern auf der Reiſe in ein großes
Kirchdorf gekommen, wo ſie ihre Mittagsraſt gehalten hat=

ten. Auf der harten Bank vor dem Tische, an welchem sie
ihr bescheidenes Mahl verzehrten, war Vater Tendler ein
halbes Stündchen in einen festen Schlaf gesunken, während
Lisei draußen die Fütterung ihres Pferdes besorgt hatte.
Kurz darauf, in wollene Decken wohlverpackt, waren sie   5
aufs neue in die grimmige Winterkälte hinausgefahren.

„‚Aber wir kamen nit weit,‘ erzählte Lisei; ‚gleich hinterm Dorf ist ein Landreiter auf uns zugeritten und hat
gezetert und gemordiot. Aus dem Tischkasten sollt' dem
Wirt ein Beutel mit Geld gestohlen sein, und mein un-   10
schuldig's Vaterl¹ war doch allein in der Stube dort
gewesen! Ach, wir haben kej² Heimat, kei³ Freund, kei²
Ehr'; es kennt uns niemand nit!‘

„‚Kind, Kind,‘ sagte die Meisterin, indem sie zu mir
hinüberwinkte, ‚versündige dich auch nicht!‘   15

„Ich aber schwieg, denn Lisei hatte ja nicht unrecht mit
ihrer Klage. — Sie hatten in das Dorf zurückgemußt; das
Fuhrwerk mit allem, was darauf geladen, war vom Schul-
zen dort zurückgehalten worden; der alte Tendler aber
hatte die Weisung erhalten, den Weg zur Stadt neben dem 20
Pferde des Landreiters herzutraben. Lisei, von dem
letzteren mehrfach zurückgewiesen, war in einiger Entfernung hinterhergegangen, in der Zuversicht, daß sie
wenigstens, bis der liebe Gott die Sache aufkläre, das
Gefängnis ihres Vaters werde teilen können. Aber — auf 25
ihr ruhte kein Verdacht; mit Recht hatte der Inspektor sie
als eine Zudringliche von der Tür gejagt, die auf ein Un-

¹ mein unschuldiger Vater.   ² keine.   ³ keinen.

terkommen in ſeinem Hauſe nicht den geringſten˚ Anſpruch
habe.

„Liſei wollte das zwar noch immer nicht begreifen; ſie
meinte, das ſei ja härter als alle Strafe, die ſpäter doch
5 gewiß den wirklichen Spitzbuben noch ereilen würde; aber,
fügte ſie gleich hinzu, ſie wolle ihm auch ſo harte Straf' nit[1]
wünſchen, wenn nur die Unſchuld von ihrem guten Vaterl[2]
an den Tag komme; ach, der werd's[3] gewiß nit[1] überleben!

„Ich beſann mich plötzlich, daß ich ſowohl dem alten Kor=
10 poral da drüben, als auch dem Herrn Kriminalkommiſ=
ſarius eigentlich ein unentbehrlicher Mann ſei; denn dem
einen hielt ich ſeine Spinnmaſchinen in Ordnung, dem an=
deren ſchärfte ich ſeine koſtbaren Federmeſſer; durch den
einen konnte ich wenigſtens Zutritt zu dem Gefangenen er=
15 halten, bei dem anderen konnte ich ein Leumundszeugnis für
Herrn Tendler ablegen und ihn vielleicht zur Beſchleunigung
der Sache veranlaſſen. Ich bat Liſei, ſich zu gedulden, und
ging ſofort in das Gefangenhaus hinüber.

„Der ſchwindſüchtige Inſpektor ſchalt auf die unverſchäm=
20 ten Weiber, die immer zu ihren ſpitzbübiſchen Männern
oder Vätern in die Zellen wollten. Ich aber verbat mir
in betreff meines alten Freundes ſolche Titel, ſolange ſie
ihm nicht durch das Gericht ‚von Rechts wegen‘ beigelegt
ſeien, was, wie ich ſicher wiſſe, nie geſchehen werde; und
25 endlich, nach einigem Hin= und Widerreden, ſtiegen wir
zuſammen die breite Treppe nach dem Oberbau hinauf.

„In dem alten Gefangenhauſe war auch die Luft ge=

---

[1] nicht.   [2] Vater.   [3] werde es.

fangen, und ein widerwärtiger Dunſt ſchlug uns entgegen,
als wir oben durch den langen Korridor ſchritten, von wel=
chem aus zu beiden Seiten Tür an Tür in die einzelnen
Gefangenzellen führte. An einer derſelben, faſt zu Ende
des Ganges, blieben wir ſtehen; der Inſpektor ſchüttelte 5
ſein großes Schlüſſelbund, um den rechten herauszufinden;
dann knarrte die Tür, und wir traten ein.

„In der Mitte der Zelle, mit dem Rücken gegen uns,
ſtand die Geſtalt eines kleinen mageren Mannes, der nach
dem Stückchen Himmel hinaufzublicken ſchien, das, grau 10
und trübſelig, durch ein oben in der Mauer angebrachtes
Fenſter auf ihn herabdämmerte. An ſeinem Haupte
bemerkte ich ſogleich die kleinen abſtehenden Haarſpieße;
nur hatten ſie, wie jetzt draußen die Natur, ſich in die
Farbe des Winters gekleidet. Bei unſerem Eintritt wandte 15
der kleine Mann ſich um.

„Sie kennen mich wohl nicht mehr, Herr Tendler?'
fragte ich.

„Er ſah flüchtig nach mir hin. ,Nein, lieber Herr,'
erwiderte er, ,hab' nicht die Ehre.' 20

„Ich nannte ihm den Namen meiner Vaterſtadt und
ſagte: ,Ich bin der unnütze Junge, der Ihnen damals
Ihren kunſtreichen Kaſperl verdrehte!'

„,O, ſchad't nichts, gar nichts!' erwiderte er verlegen
und machte mir einen Diener; ,iſt lange ſchon vergeſſen.' 25

„Er hatte offenbar nur halb auf mich gehört; denn
ſeine Lippen bewegten ſich, als ſpräche er zu ſich ſelber von
ganz anderen Dingen.

„Da erzählte ich ihm, wie ich vorhin ſein Liſei aufge=
funden habe, und jetzt erſt ſah er mich mit offenen Augen
an. ‚Gott Dank! Gott Dank!‘ ſagte er und faltete die
Hände. ‚Ja, ja, das kleine Liſei und der kleine Paul, die
5 ſpielten derzeit miteinander! — Der kleine Paul! Seid
Ihr der kleine Paul? O, i glaub's[1] Euch ſchon; das her=
zige G'ſichtl[2] von dem friſchen Bub'n, das ſchaut da no[3]
heraus!‘ Er nickte mir ſo innig zu, daß die weißen Haar=
ſpießchen auf ſeinem Kopfe bebten. ‚Ja, ja, da drunten
10 an der See bei euch; wir ſind nit wieder hinkommen;[4] das
war no[3] gute Zeit dermal;[5] da war aa[6] noch mein Weib,
die Tochter vom großen Geißelbrecht, dabei! — „Joſeph!“
pflegte ſie zu ſagen, „wenn nur die Menſchen aa[6] ſo Dräht'
an ihre[7] Köpf'[8] hätten, da könnt'ſt du aa[6] mit ihne firti[9]
15 werd'n!“ — Hätt' ſie nur heute noch gelebt, ſie hätten mich
nicht eingeſperrt. Du lieber Gott; ich bin kein Dieb, Herr
Paulſen.‘

„Der Inſpektor, der draußen vor der angelehnten Tür
im Gange auf und ab ging, hatte ſchon ein paarmal mit
20 ſeinem Schlüſſelbunde geraſſelt. Ich ſuchte den alten
Mann zu beruhigen und bat ihn, ſich bei ſeinem erſten
Verhör auf mich zu berufen, der ich hier bekannt und
wohlgeachtet ſei.

„Als ich wieder zu meiner Meiſterin in die Stube trat,
25 rief dieſe mir entgegen: ‚Das iſt ein trotzig's Mädel, Paul=

---

[1] ich glaube es. [2] Geſicht (Geſichtchen). [3] noch.
[4] hingekommen. [5] damals. [6] auch.
[7] ihren. [8] Köpfen. [9] ihnen fertig.

sen; da helst mir nur gleich ein wenig; ich hab' ihr die
Kammer zum Nachtquartier geboten; aber sie will fort, in
die Bettelherberg' oder Gott weiß wohin!'

„Ich fragte Lisei, ob sie ihre Pässe bei sich habe.

„„Mein Gott, die hat der Schulz im Dorf uns abge=
nommen!'

„„So wird kein Wirt dir seine Tür aufmachen,' sagte
ich, ‚das weißt du selber wohl.'

„Sie wußte es freilich, und die Meisterin schüttelte ihr
vergnügt die Hände. ‚Ich denk' wohl,' sagte sie, ‚daß du
dein eigenes Köpfchen hast; der da hat mir's haarklein er=
zählt, wie ihr zusammen in der Kiste habt gesessen; aber so
leicht wärst du doch nicht von mir fortgekommen!'

„Das Lisei sah etwas verlegen vor sich nieder; dann
aber fragte sie mich hastig aus nach ihrem Vater. Nachdem
ich ihr Bescheid gegeben hatte, erbat ich mir ein paar Bett=
stücke von der Meisterin, nahm von den meinigen noch
etwas hinzu und trug es selbst hinüber in die Zelle des
Gefangenen, wozu ich vorhin von dem Inspektor die Er=
laubnis erhalten hatte. — So konnten wir, als nun die
Nacht herankam, hoffen, daß im warmen Bett und auf
dem besten Ruhekissen, das es in der Welt gibt, auch un=
seren alten Freund in seiner öden Kammer ein sanfter
Schlaf erquicken werde.

„Am anderen Vormittag, als ich eben, um zum Herrn
Kriminalkommissarius zu gehen, auf die Straße trat, kam

von drüben der Inspektor in seinen Morgenpantoffeln auf
mich zugeschritten. ‚Ihr habt recht gehabt, Paulsen,‘ sagte
er mit seiner gläsernen Stimme, ‚für diesmal ist's kein
Spitzbube gewesen; den Richtigen haben sie soeben einge=
5 bracht; Euer Alter wird noch heute entlassen werden.‘

„Und richtig, nach einigen Stunden öffnete sich die Tür
des Gefangenhauses, und der alte Tendler wurde von der
kommandierenden Stimme des Inspektors zu uns hinüber=
gewiesen. Da das Mittagessen eben aufgetragen war, so
10 ruhte die Meisterin nicht, bis auch er seinen Platz am
Tisch eingenommen hatte; aber er berührte die Speisen
kaum, und wie sie sich auch um ihn bemühen mochte, er
blieb, wortkarg und in sich gekehrt, neben seiner Tochter
sitzen; nur mitunter bemerkte ich, wie er deren Hand nahm
15 und sie zärtlich streichelte. Da hörte ich draußen vom
Tore her ein Glöckchen bimmeln; ich kannte es ganz genau,
aber es läutete mir weither aus meiner Kinderzeit.

„‚Lisei!‘ sagte ich leise.

„‚Ja, Paul, ich hör' es wohl.‘

20 „Und bald standen wir beide draußen vor der Haustür.
Siehe, da kam es die Straße herab, das Wägelchen mit den
beiden hohen Kisten, wie ich daheim es mir so oft gewünscht
hatte. Ein Bauerbursche ging nebenher, mit Zügel und
Peitsche in der Hand; aber das Glöckchen bimmelte jetzt am
25 Halse eines kleinen Schimmels.

„‚Wo ist das Braunchen geblieben?‘ fragte ich Lisei.

„‚Das Braunchen,‘ erwiderte sie, ‚das ist uns eines
Tags vorm Wagen hingefallen; der Vater hat sogleich

den Tierarzt aus dem Dorfe geholt; aber es hat nimmer
leben können.' Bei diesen Worten stürzten ihr die Trä=
nen aus den Augen.

„Was fehlt dir, Lisei?' fragte ich, ,es ist ja nun doch
alles wieder gut!'

„Sie schüttelte den Kopf. ,Mein Vater[1] gefallt[1] mir
nit; er ist so still; die Schand', er verwind't es nit.'

— — „Und Lisei hatte mit ihren treuen Tochteraugen
recht gesehen. Als kaum die beiden in einem kleinen Gast=
hause untergebracht waren und der Alte schon seine Pläne
zur Weiterfahrt entwarf — denn hier wollte er jetzt nicht
vor die Leute treten —, da zwang ihn ein Fieber, im Bette
zu bleiben. Bald mußten wir einen Arzt holen, und es
entwickelte sich ein längeres Krankenlager. In Besorgnis,
daß sie dadurch in Not geraten könnten, bot ich Lisei meine
Geldmittel zur Hilfe an; aber sie sagte: ,I nimm's[2] ja
gern von dir; doch sorg' nur nit, wir sind nit gar so karg.'
Da blieb mir denn nichts anderes zu tun, als in der Nacht=
wache mit ihr zu wechseln oder, als es dem Kranken besser
ging, am Feierabend ein Stündchen an seinem Bette zu
plaudern.

„So war die Zeit meiner Abreise herangenaht, und mir
wurde das Herz immer schwerer. Es tat mir fast weh, das
Lisei anzusehen; denn bald fuhr es ja auch mit seinem Vater
von hier wieder in die weite Welt hinaus. Wenn sie nur
eine Heimat gehabt hätten! Aber wo waren sie zu finden,
wenn ich Gruß und Nachricht zu ihnen senden wollte? Ich

[1] gefällt.   [2] Ich nehme es.

dachte an die zwölf Jahre ſeit unſerem erſten Abſchied; —
ſollte wieder ſo lange Zeit vergehen oder am Ende gar das
ganze Leben?

„Und grüß’ mir aa¹ dein Vaterhaus, wenn du heim=
5 kommſt!‘ ſagte Liſei, da ſie am letzten Abend mich an die
Haustür begleitet hatte. ,Ich ſeh’s mit mein’² Augen,
das Bänkerl³ vor der Tür, die Lind’ im Gart’l;⁴ ach, i
vergiß⁵ es nimmer; ſo lieb hab’ ich’s nit wieder g’funden
in der Welt!‘

10 „Als ſie das ſagte, war es mir, als leuchte aus dunkler
Tiefe meine Heimat zu mir auf; ich ſah die zärtlichen Augen
meiner Mutter, das feſte ehrliche Antlitz meines Vaters.
,Ach, Liſei,‘ ſagte ich, ,wo iſt denn jetzt mein Vaterhaus!
es iſt ja alles öd’ und leer.‘

15 „Liſei antwortete nicht; ſie gab mir nur die Hand und
blickte mich mit ihren guten Augen an.

„Da war mir, als hörte ich die Stimme meiner Mutter
ſagen: ,Halte dieſe Hand feſt und kehre mit ihr zurück, ſo
haſt du deine Heimat wieder!‘ — und ich hielt die Hand
20 feſt und ſagte: ,Kehr’ du mit mir zurück, Liſei, und laß
uns zuſammen verſuchen, ein neues Leben in das leere Haus
zu bringen, ein ſo gutes, wie es die geführt haben, die ja
auch dir einſt lieb geweſen ſind!‘

„,Paul,‘ rief ſie, ,was meinſt du? Iᶜ⁶ verſteh’ di⁷ nit.‘
25 „Aber ihre Hand zitterte heftig in der meinen, und ich
bat nur: ,Ach, Liſei, verſteh’ mich doch!‘

¹ auch.   ² meinen.   ³ die Bank (das Bänkchen).
⁴ Garten (Gärtchen).   ⁵ ich vergeſſe.   ⁶ Ich.   ⁷ dich.

„Sie schwieg einen Augenblick. ‚Paul,‘ sagte sie dann,
‚i kann nit von mei'm Vaterl[1] gehen.‘

„‚Der muß ja mit uns, Lisei! Im Hinterhause die
beiden Stübchen, die jetzt leer stehen, da kann er wohnen
und wirtschaften; der alte Heinrich hat sein Kämmerchen   5
dicht daneben.‘

„Lisei nickte. ‚Aber, Paul, wir sind landfahrende Leut‘.
Was werden sie sagen bei dir daheim?‘

„‚Sie werden mächtig reden, Lisei!‘

„‚Und du hast nit Furcht davor?‘   10

„Ich lachte nur dazu.

„‚Nun,‘ sagte Lisei, und wie ein Glockenlaut schlug es
aus ihrer Stimme, ‚wenn du sie hast — i hab’ schon die
Kuraschi!‘[2]

„‚Aber tust du's denn auch gern?‘   15

— „‚Ja, Paul, wenn i's[3] nit gern tät’,‘ — und sie
schüttelte ihr braunes Köpfchen gegen mich — ‚gel,[4] da
tät’ i's nimmermehr!‘ —

„Und, mein Junge,“ unterbrach sich hier der Erzähler,
„wie einen bei solchen Worten ein Paar schwarze Mädchen= 20
augen ansehen, das sollst du nun noch lernen, wenn du erst
ein Stieg Jahr weiter bist!“

„Ja, ja,“ dachte ich, „zumal so ein Paar Augen, die
einen See ausbrennen können!“

„Und nicht wahr,“ begann Paulsen wieder, „nun weißt 25
du auch nachgerade, wer das Lisei ist?“

„Das ist die Frau Paulsen!“ erwiderte ich. „Als ob

---

[1] meinem Vater.   [2] Courage.   [3] ich es.   [4] gelt.

ich das nicht längst gemerkt hätte! Sie sagt ja noch immer ,nit' und hat auch noch die schwarzen Augen unter den feingepinselten Augenbrauen."

Mein Freund lachte, während ich mir im stillen vor=
5 nahm, die Frau Paulsen, wenn wir ins Haus zurück= kämen, doch einmal recht darauf anzusehen, ob noch das Puppenspieler=Liset in ihr zu erkennen sei. — „Aber," fragte ich, „wo ist denn der alte Herr Tendler hinge= kommen?"

10 „Mein liebes Kind," erwiderte mein Freund, „wohin wir schließlich alle kommen. Drüben auf dem grünen Kirchhofe ruht er neben unserem alten Heinrich; aber es ist noch einer mehr in sein Grab mit hineingekommen; der andere kleine Freund aus meiner Kinderzeit. Ich will
15 dir's wohl erzählen; nur laß uns ein wenig hinausgehen; meine Frau könnte nachgerade einmal nach uns sehen wollen, und sie soll die Geschichte doch nicht wieder hören."

Paulsen stand auf, und wir gingen auf den Spazierweg hinaus, der auch hier hinter den Gärten der Stadt ent=
20 langführt. Nur wenige Leute kamen uns entgegen; denn es war schon um die Vesperzeit.

„Siehst du" — begann Paulsen seine Erzählung wieder — „der alte Tendler war derzeit mit unserem Verspruch gar wohl zufrieden; er gedachte meiner Eltern, die er einst
25 gekannt hatte, und er faßte auch zu mir Vertrauen. Über= dies war er des Wanderns müde; ja, seit es ihn in die Gefahr gebracht hatte, mit den verworfensten Vagabunden verwechselt zu werden, war in ihm die Sehnsucht nach einer

feſten Heimat immer mehr heraufgewachſen. Meine gute
Meiſterin zwar zeigte ſich nicht ſo einverſtanden; ſie fürch=
tete, bei allem guten Willen möge doch das Kind des um=
herziehenden Puppenſpielers nicht die rechte Frau für einen
ſeßhaften Handwerksmann abgeben. — Nun, ſie iſt ſeit 5
lange ſchon bekehrt worden!

— — „Und ſo wär ich denn nach kaum acht Tagen
wieder hier, von den Bergen an die Nordſeeküſte, in unſerer
alten Vaterſtadt. Ich nahm mit Heinrich die Geſchäfte
rüſtig in die Hand und richtete zugleich die beiden leer 10
ſtehenden Zimmer im Hinterhauſe für den Vater Joſeph
ein. — Vierzehn Tage weiter — es ſtrichen eben die Düfte
der erſten Frühlingsblumen über die Gärten —, da kam
es die Straße heraufgebimmelt. ,Meiſter, Meiſter,‘ rief
der alte Heinrich, ,ſie kommen, ſie kommen!‘ Und da 15
hielt ſchon das Wägelchen mit den zwei hohen Kiſten vor
unſerer Tür. Das Liſei war da, der Vater Joſeph war da,
beide mit munteren Augen und roten Wangen; und auch
das ganze Puppenſpiel zog mit ihnen ein; denn ausdrück=
liche Bedingung war es, daß dies den Vater Joſeph auf 20
ſein Altenteil begleiten ſolle. Das kleine Fuhrwerk wurde
in den nächſten Tagen ſchon verkauft.

„Dann hielten wir die Hochzeit; ganz in der Stille,
denn Blutsfreunde hatten wir weiter nicht am Orte; nur
der Hafenmeiſter, mein alter Schulkamerad, war als 25
Trauzeuge mit zugegen. Liſei war, wie ihre Eltern,
katholiſch; daß aber das ein Hindernis für unſere Ehe ſein
könne, iſt uns niemals eingefallen. In den erſten Jahren

reiste sie wohl zur österlichen Beichte nach unserer Nachbar=
stadt, wo, wie du weißt, eine katholische Gemeinde ist;
nachher hat sie ihre Kümmernisse nur noch ihrem Manne
gebeichtet.

5 „Am Hochzeitsmorgen legte Vater Joseph zwei Beutel
vor mir auf den Tisch, einen größeren mit alten Harz=
dritteln, einen kleinen voll Kremnitzer Dukaten. ‚Du haft
nit danach fragt,[1] Paul!‘ sagte er. ‚Aber so völlig arm
is[2] doch mein Lisei dir nit zubracht.[3] Nimm's! i brauch's
10 allfurt[4] nit mehr.‘ —

„Das war der Sparpfennig, von dem mein Vater einst
gesprochen, und er kam jetzt seinem Sohne beim Neubeginn
seines Geschäfts zu ganz gelegener Zeit. Freilich hatte
Liseis Vater damit sein ganzes Vermögen hingegeben und
15 sich selbst der Fürsorge seiner Kinder anvertraut; aber er
war dabei nicht müßig; er suchte seine Schnitzmesser wieder
hervor und wußte sich bei den Arbeiten in der Werkstatt
nützlich zu machen.

„Die Puppen nebst dem Theater=Apparat waren in
20 einem Verschlag auf dem Boden des Nebenhauses unter=
gebracht. Nur an Sonntagnachmittagen holte er bald
die eine, bald die andere in sein Stübchen herunter, revi=
dierte die Drähte und Gelenke und putzte oder besserte dies
und jenes an ihnen. Der alte Heinrich stand dann mit
25 seiner kurzen Pfeife neben ihm und ließ sich die Schicksale
der Puppen erzählen, von denen fast jede ihre eigene

---

[1] gefragt.   [2] ist.   [3] zugebracht.
[4] ich brauche es hinfort.

Geschichte hatte; ja, wie es jetzt herauskam, der so wir=
kungsvoll geschnitzte Kasper hatte einst für seinen jungen
Verfertiger sogar den Brautwerber um Liseis Mutter ab=
gegeben. Mitunter wurden zur besseren Veranschaulichung
der einen oder anderen Szene auch wohl die Drähte in
Bewegung gesetzt; Lisei und ich haben oftmals draußen an
den Fenstern gestanden, die schon aus grünem Weinlaub
gar traulich auf den Hof hinausschauten; aber die alten
Kinder drin waren meist so in ihr Spiel vertieft, daß
ihnen erst durch unser Beifallklatschen die Gegenwart der
Zuschauer bemerklich wurde. — — Als das Jahr weiter=
rückte, fand Vater Joseph eine andere Beschäftigung; er
nahm den Garten unter seine Obhut, er pflanzte und
erntete, und am Sonntage wandelte er, sauber angetan,
zwischen den Rabatten auf und ab, putzte an den Rosen=
büschen oder band Nelken und Levkojen an seine selbstge=
schnitzte Stäbchen.

„So lebten wir einig und zufrieden; mein Geschäft hob
sich mehr und mehr. Über meine Heirat hatte unsere gute
Stadt sich ein paar Wochen lebhaft ausgesprochen; da aber
fast alle über die Unvernunft meiner Handlungsweise einig
waren und dem Gespräche so die gedeihliche Nahrung des
Widerspruchs vorenthalten blieb, so hatte es sich bald selber
ausgehungert.

„Als es dann abermals Winter wurde, holte Vater Jo=
seph an den Sonntagen auch wieder die Puppen aus ihrem
Verschlage herunter, und ich dachte nicht anders, als daß
in solchem stillen Wechsel der Beschäftigung ihm auch künftig

die Jahre hingehen würden. Da trat er eines Morgens
mit gar ernsthaftem Gesichte zu mir in die Wohnstube, wo
ich eben allein an meinem Frühstück saß. ‚Schwiegersohn,‘
sagte er, nachdem er sich wie verlegen ein paarmal mit der
5 Hand durch seine weißen Haarspießchen gefahren war, ‚ich
kann's doch nit wohl länger ansehen, daß ich alleweil so
das Gnadenbrot an Euerm Tische soll essen.‘

„Ich wußte nicht, wo das hinaussollte, aber ich fragte
ihn, wie er auf solche Gedanken komme; er schaffe ja mit
10 in der Werkstatt, und wenn mein Geschäft jetzt einen
größeren Gewinn abwerfe, so sei dies wesentlich der Zins
seines eigenen Vermögens, das er an unserem Hochzeits=
morgen in meine Hand gelegt habe.

„Er schüttelte den Kopf. Das reiche alles nicht; aber
15 eben jenes kleine Vermögen habe er zum Teil einst in un=
serer Stadt gewonnen; das Theater sei ja noch vorhanden,
und die Stücke habe er auch alle noch im Kopfe.

„Da merkte ich's denn wohl, der alte Puppenspieler ließ
ihm keine Ruhe; sein Freund, der gute Heinrich, genügte
20 ihm nicht mehr als Publikum, er mußte einmal wieder
öffentlich vor versammeltem Volke seine Stücke aufführen.

„Ich suchte es ihm auszureden; aber er kam immer wie=
der darauf zurück. Ich sprach mit Lisei, und am Ende
konnten wir nicht umhin, ihm nachzugeben. Am liebsten
25 hätte nun freilich der alte Mann gesehen, wenn Lisei, wie
vor unserer Verheiratung, die Frauenrollen in seinen
Stücken gesprochen hätte; aber wir waren übereingekommen,
seine dahin zielenden Anspielungen nicht zu verstehen; für

die Frau eines Bürgers und Handwerksmeiſters wollte
ſich das denn doch nicht ziemen.

„Zum Glück — oder, wie man will, zum Unglück —
war derzeit ein ganz reputierliches Frauenzimmer in der
Stadt, die einſt bei einer Schauſpielertruppe als Souffleuſe
gedient hatte und daher in derlei Dingen nicht unbewandert
war. Dieſe — Kröpel=Lieſchen nannten ſie die Leute von
wegen ihrer Kreuzlahmheit — ging ſofort auf unſer An=
erbieten ein, und bald entwickelte ſich am Feierabend und
an den Sonntagnachmittagen die lebhafteſte Tätigkeit in
Vater Joſephs Stübchen.

„Während vor dem einen Fenſter der alte Heinrich an
den Gerüſtſtücken des Theaters zimmerte, ſtand vor dem
anderen zwiſchen friſch angemalten Kuliſſen, die von der
Zimmerdecke herunterhingen, der alte Puppenſpieler und
exerzierte mit Kröpel=Lieſchen eine Szene nach der anderen.
Sie ſei ein dreimal gewürztes Frauenzimmer, verſicherte
er ſtets nach ſolcher Probe; nicht einmal die Liſei hab’ es
ſo ſchnell kapiert; nur mit dem Singen ginge es nit gar
ſo ſchön; ſie grunze mit ihrer Stimme immer in der Tiefe,
was für die ſchöne Suſanne, die das Lied zu ſingen habe,
nicht eben harmonierlich ſei.

„Endlich war der Tag der Aufführung feſtgeſetzt. Es
ſollte alles möglichſt reputierlich vor ſich gehen; nicht auf
dem Schützenhofe, ſondern auf dem Rathausſaale, wo auch
die Primaner um Michaelis ihre Redeübungen hielten,
ſollte jetzt der Schauplatz ſein; und als am Sonnabend=
nachmittag unſere guten Bürger ihr friſches Wochenblätt=

chen auseinanderfalteten, sprang ihnen in breiten Lettern
die Anzeige in die Augen: ‚Morgen Sonntagabend sieben
Uhr auf dem Rathausfaale Marionetten=Theater des
Mechanikus Joseph Tendler hierselbst. Die schöne
5 Susanna, Schauspiel mit Gesang in vier Aufzügen.'

„Es war aber damals in unserer Stadt nicht mehr die
harmlose schaulustige Jugend aus meinen Kinderjahren;
die Zeiten des Kosakenwinters lagen dazwischen, und
namentlich war unter den Handwerkslehrlingen eine arge
10 Zügellosigkeit eingerissen; die früheren Liebhaber unter den
Honoratioren aber hatten ihre Gedanken jetzt auf andere
Dinge. Dennoch wäre vielleicht alles gut gegangen, wenn
nur der schwarze Schmidt und seine Jungen nicht gewesen
wären.“

15 Ich fragte Paulsen, wer das sei; denn ich hatte niemals
von einem solchen Menschen in unserer Stadt gehört.

„Das glaub' ich wohl,“ erwiderte er, „der schwarze
Schmidt ist schon vor Jahren im Armenhaus verstorben;
damals aber war er Meister gleich mir; nicht ungeschickt,
20 aber liederlich in seiner Arbeit wie im Leben; der sparsame
Verdienst des Tages wurde abends im Trunk und Karten=
spiel vertan. Schon gegen meinen Vater hatte er einen
Haß gehabt, nicht allein weil dessen Kundschaft die seinige
bei weitem überstieg, sondern schon aus der Jugend her,
25 wo er dessen Nebenlehrling gewesen und, wegen eines
schlechten Streiches gegen ihn, vom Meister fortgejagt
worden war. Seit dem Sommer hatte er Gelegenheit
gefunden, diese Abneigung in erhöhtem Maße auch auf

mich auszudehnen; denn bei der damals hier neu errichteten
Kattunfabrik war, trotz seiner eifrigen Bemühung um
dieselbe, die Arbeit an den Maschinen allein mir übertragen
worden, infolgedessen er und seine beiden Söhne, die bei
dem Vater in Arbeit standen und diesen an wüstem Trei= 5
ben womöglich überboten, schon nicht verfehlt hatten, mir
ihren Verdruß durch allerlei Neckereien kundzugeben. Ich
hatte indessen jetzt keine Gedanken an diese Menschen.

„So war der Abend der Aufführung herangekommen.
Ich hatte noch an meinen Büchern zu ordnen und habe, 10
was geschah, erst später durch meine Frau und Heinrich
erfahren, die zugleich mit unserem Vater nach dem Rat= .
haussaale gingen.

„Der erste Platz dort war fast gar nicht, der zweite nur
mäßig besetzt gewesen; auf der Galerie aber hatte es Kopf 15
an Kopf gestanden. — Als man vor diesem Publikum das
Spiel begonnen, war anfänglich alles in der Ordnung vor=
gegangen; die alte Lieschen hatte ihren Part fest und ohne
Anstoß hingeredet. — Dann aber kam das unglückselige
Lied! Sie bemühte sich vergebens, ihrer Stimme einen 20
zarteren Klang zu geben; wie Vater Joseph vorhin gesagt
hatte, sie grunzte wirklich in der Tiefe. Plötzlich rief eine
Stimme von der Galerie: ‚Höger up,[1] Kröpel=Lieschen!
Höger up!‘ Und als sie, diesem Rufe gehorsam, die un=
erreichbaren Diskanttöne zu erklettern strebte, da scholl ein 25
rasendes Gelächter durch den Saal.

„Das Spiel auf der Bühne stockte, und zwischen den

---

[1] Höher hinauf.

Kulissen heraus rief die bebende Stimme des alten Puppen=
spielers: ‚Meine Herrschaft'n, i bitt' g'wogentlich[1] um
Ruhe!' Kasperl, den er eben an seinen Drähten in der
Hand hielt, und der mit der schönen Susanna eine Szene
hatte, schlenkerte krampfhaft mit seiner kunstvollen Nase.

„Neues Gelächter war die Antwort. ‚Kasperl soll sin=
gen!' — ‚Russisch! Schöne Minka, ich muß scheiden!' —
‚Hurra für Kasperl!' — ‚Nichts doch; Kasperl sein' Tochter
soll singen!' — ‚Jawohl, wischt euch's Maul! Die ist
Frau Meisterin geworden, die tut's halt nimmermehr!'

„So ging's noch eine Weile durcheinander. Auf einmal
flog, in wohlgezieltem Wurf, ein großer Pflasterstein auf
die Bühne. Er hatte die Drähte des Kasperl getroffen; die
Figur entglitt der Hand ihres Meisters und fiel zu Boden.

„Vater Joseph ließ sich nicht mehr halten. Trotz Liseis
Bitten hat er gleich darauf die Puppenbühne betreten. —
Donnerndes Händeklatschen, Gelächter, Fußtrampeln emp=
fing ihn, und es mag sich freilich seltsam genug präsen=
tiert haben, wie der'alte Mann, mit dem Kopf oben in
den Soffitten, unter lebhaftem Händearbeiten seinem ge=
rechten Zorne Luft zu machen suchte. — Plötzlich, unter
allem Tumult, fiel der Vorhang; der alte Heinrich hatte
ihn herabgelassen.

— — „Mich hatte indes zu Hause bei meinen Büchern
eine gewisse Unruhe befallen; ich will nicht sagen, daß mir
Unheil ahnte, aber es trieb mich dennoch fort, den Meinigen
nach. — Als ich die Treppe zum Rathaussaal hinaufsteigen

---

[1] ich bitte freundlichst.

wollte, drängte eben die ganze Menge von oben mir ent=
gegen. Alles schrie und lachte durcheinander. ‚Hurra!
Kasper is dod;[1] Lott' is dod. Die Kamedie[2] ist zu End'!'
— Als ich auffah, erblickte ich die schwarzen Gesichter der
Schmidt=Jungen über mir. Sie waren augenblicklich still 5
und rannten an mir vorbei zur Tür hinaus; ich aber
hatte für mich jetzt die Gewißheit, wo die Quelle dieses
Unfugs zu suchen war.

„Oben angekommen, fand ich den Saal fast leer. Hin=
ter der Bühne saß mein alter Schwiegervater wie gebrochen 10
auf einem Stuhl und hielt mit beiden Händen sein Gesicht
bedeckt. Lisei, die auf den Knien vor ihm lag, richtete sich,
da sie mich gewahrte, langsam auf. ‚Nun, Paul,' fragte
sie, mich traurig ansehend, ‚hast du noch die Kuraschi?'[3]

„Aber sie mußte wohl in meinen Augen gelesen haben, 15
daß ich sie noch hatte; denn bevor ich noch antworten konnte,
lag sie schon an meinem Halse. ‚Laß uns nur fest zusam=
menhalten, Paul!' sagte sie leise.

— — „Und, siehst du! damit und mit ehrlicher Arbeit
sind wir durchgekommen. 20

— — „Als wir am anderen Morgen aufgestanden
waren, da fanden wir jenes Schimpfwort ‚Pole Poppen=
späler' — denn ein Schimpfwort sollte es ja sein — mit
Kreide auf unsere Haustür geschrieben. Ich aber habe es
ruhig ausgewischt, und als es dann später noch ein paarmal 25
an öffentlichen Orten wieder lebendig wurde, da habe ich
einen Trumpf daraufgesetzt; und weil man wußte, daß ich

---

[1] ist tot.   [2] Komödie.   [3] Courage.

nicht ſpaße, ſo iſt es banach ſtill geworden. — — Wer dir
es jetzt geſagt hat, der wird' nichts Böſes damit gemeint
haben; ich will ſeinen Namen auch nicht wiſſen.

„Unſer Vater Joſeph aber war ſeit jenem Abend nicht
5 mehr der alte. Vergebens zeigte ich ihm die unlautere
Quelle jenes Unfugs, und daß derſelbe ja mehr gegen mich
als gegen ihn gerichtet geweſen ſei. Ohne unſer Wiſſen
hatte er bald darauf alle ſeine Marionetten auf eine öffent=
liche Auktion gegeben, wo ſie zum Jubel der anweſenden
10 Jungen und Tröbelweiber um wenige Schillinge verſteigert
wurden; er wollte ſie niemals wiederſehen. — Aber das
Mittel dazu war ſchlecht gewählt; denn als die Frühlings=
ſonne erſt wieder in die Gaſſen ſchien, kam von den ver=
kauften Puppen eine nach der anderen aus den dunklen
15 Häuſern an das Tageslicht. Hier ſaß ein Mädchen mit
der heiligen Genoveva auf der Hauſtürſchwelle, dort ließ
ein Junge den Doktor Fauſt auf ſeinem ſchwarzen Kater
reiten; in einem Garten in der Nähe des Schützenhofes
hing eines Tages der Pfalzgraf Siegfried neben dem hölli=
20 ſchen Sperling als Vogelſcheuche in einem Kirſchbaume.
Unſerem Vater tat die Entweihung ſeiner Lieblinge ſo weh,
daß er zuletzt kaum noch Haus und Garten bei uns ver=
laſſen mochte. Ich ſah es deutlich, daß dieſer übereilte
Verkauf an ſeinem Herzen nagte, und es gelang mir, die
25 eine und die andere Puppe zurückzukaufen; aber als ich ſie
ihm brachte, hatte er keine Freude daran; das Ganze war
ja überdies zerſtört. Und, ſeltſam, trotz aller aufge=
wendeten Mühe konnte ich nicht erfahren, in welchem

Winkel sich die wertvollste Figur von allen, der kunstreiche
Kasperl, verborgen hatte. Und was war ohne ihn die
ganze Puppenwelt!

„Aber vor einem anderen, ernsteren Spiele sollte bald
der Vorhang fallen. Ein altes Brustleiden war bei un= 5
serem Vater wiederaufgewacht, sein Leben neigte sich
augenscheinlich zu Ende. Geduldig und voll Dankbarkeit
für jeden kleinen Liebesdienst, lag er auf seinem Bette.
,Ja, ja,‘ sagte er lächelnd und hob so heiter seine Augen
gegen die Bretterdecke des Zimmers, als sähe er durch die= 10
selbe schon in die ewigen Fernen des Jenseits, ,es is scho[1]
richtig g’wes’n: mit den Menschen hab’ ich nit immer
könne firti[2] werd’n; da droben mit den Engeln wird’s
halt besser gehen; und — auf alle Fäll’, Lisei, i find’ ja
doch die Mutter dort.‘ 15

— — „Der gute kindliche Mann starb; Lisei und ich,
wir haben ihn bitterlich vermißt; auch der alte Heinrich,
der ihm nach wenigen Jahren folgte, ging an seinen noch
übrigen Sonntagnachmittagen umher, als wisse er mit sich
selber nicht wohin, als wolle er zu einem, den er doch nicht 20
finden könne.

„Den Sarg unseres Vaters bedeckten wir mit allen
Blumen des von ihm selbst gepflegten Gartens; schwer von
Kränzen, wurde er auf den Kirchhof hinausgetragen, wo
unweit von der Umfassungsmauer das Grab bereitet war. 25
Als man den Sarg hinabgelassen hatte, trat unser alter
Propst an den Rand der Gruft und sprach ein Wort des

¹ ist schon. ² können fertig.

Trostes und der Verheißung; er war meinen seligen Eltern
stets ein treuer Freund und Rater gewesen; ich war von
ihm konfirmiert, Lisei und ich von ihm getraut worden.
Ringsum auf dem Kirchhofe war es schwarz von Men-
5 schen; man schien von dem Begräbnisse des alten Puppenspielers noch ein ganz besonderes Schauspiel zu erwarten.
— Und etwas Besonderes geschah auch wirklich; aber es
wurde nur von uns bemerkt, die wir der Gruft zunächst
standen.   Lisei, die an meinem Arme mit hinausgegangen
10 war, hatte eben krampfhaft meine Hand gefaßt, als jetzt
der alte Geistliche dem Brauche gemäß den bereitgestellten
Spaten ergriff und die erste Erde auf den Sarg hinabwarf.
Dumpf klang es aus der Gruft zurück. ‚Von der Erden
bist du genommen,‘ erscholl jetzt das Wort des Priesters;
15 aber kaum war es gesprochen, als ich von der Umfassungsmauer her über die Köpfe der Menschen etwas auf uns
zufliegen sah.   Ich meinte erst, es sei ein großer Vogel;
aber es senkte sich und fiel gerade in die Gruft hinab. Bei
einem flüchtigen Umblick — denn ich stand etwas erhöht
20 auf der aufgeworfenen Erde — hatte ich einen der Schmidt-
Jungen sich hinter die Kirchhofmauer ducken und dann
davonlaufen sehen, und ich wußte plötzlich, was geschehen
war.   Lisei hatte einen Schrei an meiner Seite ausge-
stoßen, unser alter Propst hielt wie unschlüssig den Spaten
25 zum zweiten Wurf in den Händen.   Ein Blick in das Grab
bestätigte meine Ahnung: oben auf dem Sarge, zwischen
den Blumen und der Erde, die zum Teil sie schon bedeckte,
da hatte er sich hingesetzt, der alte Freund aus meiner

Kinderzeit, Kasperl, der kleine lustige Allerweltskerl. —
Aber er sah jetzt gar nicht lustig aus; seinen großen Nasen=
schnabel hatte er traurig auf die Brust gesenkt; der eine
Arm mit dem kunstreichen Daumen war gegen den Him=
mel ausgestreckt, als solle er verkünden, daß, nachdem alle 5
Puppenspiele ausgespielt, da droben nun ein anderes
Stück beginnen werde.

„Ich sah das alles nur auf einen Augenblick; denn schon
warf der Propst die zweite Scholle in die Gruft: ‚Und zur
Erde wieder sollst du werden!‘ — Und wie es von dem 10
Sarge hinabrollte, so fiel auch Kasperl aus seinen Blumen
in die Tiefe und wurde von der Erde überdeckt. ·

„Dann, mit dem letzten Schaufelwurf, erklang die
tröstliche Verheißung: ‚Und von der Erden sollst du
auferstehen!‘ 15

„Als das Vaterunser gesprochen war und die Menschen
sich verlaufen hatten, trat der alte Propst zu uns, die wir
noch immer in die Grube starrten. ‚Es hat eine Ruchlosig=
keit sein sollen,‘ sagte er, indem er liebreich unsere Hände
faßte. ‚Laßt uns es anders nehmen! In seiner Jugend= 20
zeit, wie ihr es mir erzählet, hat der selige Mann die
kleine Kunstfigur geschnitzt, und sie hat einst sein Eheglück
begründet; später, sein ganzes Leben lang, hat er durch sie,
am Feierabend nach der Arbeit, gar manches Menschenherz
erheitert, auch manches Gott und den Menschen wohlge= 25
fällige Wort der Wahrheit dem kleinen Narren in den
Mund gelegt; — ich habe selbst der Sache einmal zuge=
schaut, da ihr noch beide Kinder waret. — Laßt nun das

kleine Werk seinem Meister folgen; das stimmt gar wohl
zu den Worten unserer Heiligen Schrift: Und seid getrost;
denn die Guten werden ruhen von ihrer Arbeit.'

— „Und so geschah es. Still und friedlich gingen wir
5 nach Hause; den kunstreichen Kasperl aber und unseren
guten Vater Joseph haben wir niemals wiedergesehen.

— — „Alles das," setzte nach einer Weile mein Freund
hinzu, „hat uns manches Weh bereitet; aber gestorben sind
wir beiden jungen Leute nicht daran. Nicht lange nachher
10 wurde uns unser Joseph geboren, und wir hatten nun alles,
was zu einem vollen Menschenglück gehört. An jene Vor-
gänge aber werde ich noch jetzt Jahr um Jahr durch den
ältesten Sohn des schwarzen Schmidt erinnert. Er ist
einer jener ewig wandernden Handwerksgesellen geworden,
15 die, verlumpt und verkommen, ihr elendes Leben von den
Geschenken fristen, die nach Zunftgebrauch, auf ihre Ansprache, die Handwerksmeister ihnen zu verabreichen haben.
Auch meinem Hause geht er nie vorbei."

Mein Freund schwieg und blickte vor sich in das Abend-
20 rot, das dort hinter den Bäumen des Kirchhofs stand; ich
aber hatte schon eine Zeitlang über der Gartenpforte, der
wir uns jetzt wieder näherten, das freundliche Gesicht der
Frau Paulsen nach uns ausblicken sehen. „Hab' ich's nit
denkt!"[1] rief sie, als wir nun zu ihr traten. „Was habt
25 ihr wieder für ein langes abzuhandeln? Aber nun kommt
ins Haus! Die Gottesgab' steht auf dem Tische; der
Hafenmeister is[2] auch schon da; und ein Brief vom Joseph

---

[1] gedacht.   [2] ist.

und der alt¹ Meisterin! — Aber was schaust mi² denn so
an, Bub'?"

Der Meister lächelte.   „Ich hab' ihm was verraten,
Mutter.   Er will nun sehen, ob du auch richtig noch das
kleine Puppenspieler=Lisei bist!"

„Ja freili!"³ erwiderte sie, und ein Blick voll Liebe flog
zu ihrem Manne hinüber.   „Schau' nur richti⁴ zu, Bub'!
Und wenn du es nit kannst find'n, — der da, der weiß es
gar genau!"

Und der Meister legte schweigend seinen Arm um sie.
Dann gingen wir ins Haus zur Feier ihres Hochzeits=
tages. —

Es waren prächtige Leute, der Paulsen und sein Pup=
penspieler=Lisei.

¹ alten.   ² schaust du mich.   ³ freilich.   ⁴ richtig.

NOTES

Pole Poppenspäler, Low-German dialect form (pronounce sp=ßp!) for Paul (der) Puppenspieler.

1. — 2. **wohl,** *possibly.* With few exceptions, the English *well,* when used with a verb, corresponds to **gut** in German.

3. **meinen . . . Studien zuträglich,** note that an adjective is regularly preceded by its modifiers.

4. **mich** in the regular position of the monosyllabic unaccented pronoun as near the beginning of the sentence or clause as general rules of word-order will allow; in a dependent clause, it is necessarily prevented by the introducing conjunction or relative alone from taking first place. — **eines Tages,** adverbial genitive of indefinite time, *one day.* — **Sub'=rek'tor,** the *junior assistant master* or third in authority at the Gelehrtenschule of Husum (unserer Stadt, line 12) which the author attended from 1826 to 1835. The Subrektor was in charge of the Tertia, the Kon'rek'tor of the Sekunda, the Rektor of the Prima or first and highest (senior, graduating) class. The lowest form was the Quarta. The pupils spent at least two years in each of these classes. Storm was a pupil of the Tertia from 1828 to 1831.

15. **dazu** anticipates the following clause and should not be translated. — **mir,** for position, cf. note to **1**, 4.

15, 16. **die — Handgriffe,** just as the attributive adjective erforderlichen modifies and precedes the noun Handgriffe, so für meine kleinen Arbeiten precedes and modifies erforderlichen; cf. note to **1**, 3 and the English "his to me unexplained conduct."

17. **besaß,** preterit of besitzen. Without any exception, the

stem-vowel of a preterit of a strong verb is different from the
stem-vowel of its infinitive, and therefore, when a strong
preterit occurs in the text, invariably the reader must look
in the Vocabulary for an infinitive containing a vowel different from that of the preterit. In addition, the consonants
following that vowel *may* be different, as they are here, or
as they are in burchzogen (**2**, 24), from burchziehen, and so on.
— babei, remember that bei corresponds more often to the
English *at* or *with* or *in* than to *by; at the same time* or *withal*
would be good renderings of babei.

20. bei manchem, cf. note to 1, 17 and say: *on hearing many
a thing* or *on hearing some things.*

21, 22. jetzt . . . verkündigt wird, . . . einfällt, note the present tense (referring to the time of the author's writing the
story in 1873 and 1874). — mir . . . einfällt, no need of a grammatical subject (es); the logical subject follows; mir is rather
unnaturally placed away from the beginning of the baß-
clause, cf. note to 1, 4. — Das begins the sentence because
it makes the connection of the latter with what precedes.
— ja = *why*, to be placed even before the subject. — Note the
frequent use of the perfect tense, even with such adjuncts
as vor vierzig Jahren (*forty years ago*).

23. Es gelang mir, lit. "It proved successful to me," but
say: *I succeeded.*

2. — 1–3. er sah es gern, wenn ich . . . kam, lit. "he saw it
gladly if I came," but say: *he liked me to come.* — zu ihm, *to
his house.*

5. Linde. The most popular tree of Germany is signifi-
cantly mentioned here.

7. m i r , pay attention here and elsewhere to the spaced
type, the German equivalent of italicizing.

9. so wichtig sie . . . sind, *important as they are* or *however
important they are;* note the word-order!

10. Primä'ner-, cf. note to 1, 4.

12–14. Paulsen war . . . ein Friese und der Charakter . . .
ausgeprägt, the verb war serves for both these contracted

sentences. — Note the postposition of **nach**. — **Friese**, *Frisian*, more accurately "North Frisian," referring here to the inhabitants of the chain of islands extending along the west coast of Schleswig-Holstein and of a narrow strip on the mainland north of Husum (Storm himself was Low German on his father's side and of Frisian descent on his mother's); the Frisian **Heimatsprache** of Paulsen is a Germanic dialect, more closely related to the English language than to the German.

22. **sei ... gewesen**, correct tense of the indirect discourse after a preterit and corresponding to an **ist ... gewesen** of the direct discourse; but this perfect subjunctive would also take the place, in indirect discourse, of a preterit indicative of the direct discourse, as the preterit subjunctive has no preterit meaning and is in indirect discourse the equivalent of a present subjunctive for which it should be used, and is almost always used, where the form of the present subjunctive cannot be distinguished from the form of the present indicative, as e.g. **2**, 21 **könnten** instead of **können**. The same holds true as to the pluperfect subjunctive in place of the perfect subjunctive (cf. **1**, 7 **gebrechselt hätte**) and the present conditional in place of the future subjunctive.

· 25. **das — Gefühl**, cf. note to 1, 15, 16.

26. **veranlaßte**, preterit of a weak verb which is not a compound of the *strong* verb **lassen**, but a derivation from the noun **Anlaß**; cf., by way of contrast, **unterließ, 3**, 14. — **ihr**, cf. **1**, 15 and especially note to **1**, 4 and observe the importance of the helpful comma preceding such infinitive clauses with **zu**.

3. — 1. **mir**, ethical dative, possibly corresponding here to *will you*, best left untranslated. — **nur**, *just*. — **Buberl**, Storm tries in numerous passages to reproduce, as far as feasible, that division of South German dialects which is called Bavarian-Austrian from the districts in which it is spoken, and which, together with the Swabian-Alemannic (spoken in Southwestern Germany and Switzerland), forms the larger branch of $\mathfrak{Hochdeutsch}$ (or $\mathfrak{Oberdeutsch}$), different from Middle German and Low German. — ſagte ſie, *she would say,* cf. **1,** **4** lächelte (*would smile*); a wohl ("may be") is frequently added to such a preterit which denotes repeated action, but the wohl is no more necessary than the bann which is also used much in this case.

2. wirſt=bu wirſt. — boch, *I hope.*

7, 8. in ber Frembe, "lit. in the strange (foreign) land, abroad," that is, he was *traveling* as a journeyman (Geſelle) and working at his trade for the required three years after he had served as an apprentice (Lehrling) for the same time, and before he could, by means of a Meiſterſtück, satisfy the masters of his guild as to his fitness for being a master himself.

9. zumal, note the dependent word-order and see Vocab.

10. habe, infraction of the rule given in note to **2,** 22; we should expect hätte, as the subjunctive ich habe cannot be distinguished from the indicative ich habe. — The use of such dialect forms as luſtig's Naſerl in indirect discourse should attract attention.

12, 13. eine — Mehlſpeiſe, cf. note to **1,** 15, 16. Mehlſpeiſen form the mainstay of cooking in Bavaria, the original home of Frau Paulsen.

14. barauf = auf bie Mehlſpeiſe, *to partake of it.*

15. ber Anziehungskräfte, the genitive depends on genug.

17. Bürgerhauſe. It was not a matter of course at that time (and is not now everywhere) that a boy belonging to a family of rank (Honoratioren, see **70,** 11) and, as such, attending the higher classes of a Gelehrtenſchule, had intercourse in a common Bürgerhaus; but then Paulsen's house was an exception to the rule.

18. fällſt, the subjunctive falleſt would be out of place in unaffected talk.

19. mich is unnaturally placed, cf. note to **1,** 4; mich should follow er, itself an unaccented monosyllabic pronoun.

20. meinen Freunben, depending in thought on oft, say: *for my friends* or *to suit my friends;* cf. **66,** 12.

26. **biefer** is frequently corresponding to *the latter* just as jener is to *the former*.

4. — 1. **ja aber auch**, hardly to be translated by anything but *the reason was* or *the explanation was*.

1, 2. **feit faft einem Jahre ... fei**, lit. "was ... since almost a year," but say: *had been ... for almost a year.* — Note and imitate this excellent example of dependent word-order, the finite verb being immediately preceded by the words **in der Lehre** which form a phrase with it, these in turn preceded by **bei Meifter Paulfen** which most naturally comes to our mind in connection with **in der Lehre fei**; the words **bei Meifter Paulfen** are properly preceded by the adverb of time, and the latter by the unaccented expletives **ja aber auch** and these by the unaccented pronoun.

3. **So, fo** = *Is that so!*

11. **auf**, *for*, cf. note to **3**, 14.

11, 12. **um ... zu**, *in order to.*

12. **Hochzeitsgedenktag**, the standard edition of the *Works* has **Hochzeitstag**.

13. **gemacht**, supply **hatte** from line 14.

18. **ging ... herum**, see Vocab. sub **herumgehen**.

20. **fragte ich ihn.** For the occurrence from the history of the Storm family which seems to have given the author the idea for this question, the initial impulse of the story within the story, cf. Introd., page xvi.

23. **indem er ... auffprang**, lit. "as he jumped up," but the English present participle best corresponds to this construction, occasionally alternating with "by" and gerund.

28. **wohl**, *I presume*, cf. note to **1**, 2.

5. — 1. Every paragraph of the story within the story is introduced by quotation-marks (thus, „). Speeches occurring within this story within the story are surrounded by *additional* quotation-marks (thus, ‚ ').

4. **lange her.** Approximately the time of Paulsen's boyhood was the last years of the eighteenth century or the beginning of the nineteenth.

8. **Rücken- und Seitenlehnen,** equivalent to Rückenlehnen und Seitenlehnen.

13. **pflegend,** still with genitive (der Ruhe), although the accusative is to be found now in most of its uses. — **ich**, cf. note to **2**, 7.

14. **unter,** lit. "amid," but say: *while enjoying the.*

17–19. **saß ich ... und schrieb,** *I was sitting ... and writing.* — **wohl,** *well;* most verbs have gut with them in this sense. — **Michae'lis-Jahrmarkt. Michae'li(s)** [four syllables, e long], *Michaelmas,* falls on September 29.

24. **saß,** note the singular number!

26. **sein schwarzhaariges Köpfchen** = *her head with its wealth of black hair.*

28. **den Zügel in der Hand,** accusative absolute (cf. "he entered the room hat in hand") for which a construction with mit is entirely possible; cf. the exactly corresponding passage **60**, 23, 24.

6. — 1, 2. **dem ... die ... Haare,** lit. "to whom ... the ... hair," that is, *whose ... hair.*

7. **Du,** here = *Say.* — **Bub',** practically restricted to Southern Germany in the meaning of Knabe and Junge.

8. **denn,** in questions = *pray, say, I wonder,* may be omitted.

10. **Ihr,** once the standard pronoun of address even for one person (just as *you* now in English).

12, 13. **das ... gegenüberliegt,** cf. note to **1**, 21; but here the present, of course, refers to the time of Paulsen's telling the story.

15. **ihres,** possessive pronoun of the feminine gender on account of the natural gender of Dirnchen; seines would have been just as possible here as sein **5**, 26 (on account of the grammatical gender of Mädchen, das).

16, 17. **sah ... herab,** cf. note to **4**, 18 and see Vocab. sub herabsehen.

17. **mit einem** etc., unusual position of adverbial phrase between subject and verb.

20. **auch,** here and elsewhere frequently = *indeed.*

21. **ihm,** cf. notes to 1, 4 and 3, 19.

24–26. **mir ... will,** *seems to me to ...* — **wohlehrſamen,** still more than **Reputation,** contains a touch of irony entirely intelligible on the lips of such a man as Paulsen both in the light of what the author said of him, 1, 19 ff., and in the light of the character of the new arrivals and their connection with him later on. Itinerant players, when the guilds were in flower, stood without the pale almost as much as the hangman and his family or as certain occupations about which we understand such restrictions to a lesser degree nowadays.

26, 27. **auch andere, mir viel angenehmere Leute** = *other people too, and these much more agreeable to me,* note the importance of the comma!

7. — 9, 10. **behute ſich mit beiden Armen ... hinaus** = **behnte beide Arme ... hinaus.**

10, 11. **wandte ... zurück,** see **zurückwenden** in the Vocabulary. — **Liſel,** *Lizzie,* Bavarian-Austrian form for the usual **Lieſe, Lieschen.**

12. **unter** = *from under.*

16, 17. **habe ... verſtehen können,** perfect where the preterit would seem the only permissible tense from the standpoint of English grammar. — In connection with an infinitive, the perfect, pluperfect, future perfect and conditional perfect of the modal auxiliaries and a few other verbs like **ſehen (41, 17), helfen, hören,** regularly contain a form which looks like the infinitive.

18. **Kennſt** = **Kennſt** du, cf. note to 3, 2.

21. **die du; du** is redundant from the English standpoint, cf. note to 58, 22.

24. **es,** anticipating the infinitive-clause, cf. note to 1, 15.

24, 25. **nickte ... wieder,** see Vocab. sub **wiedernicken** and cf. **wieder nicken, 8, 28.**

8. — 2. **ſeiner,** genitive of **er,** depending upon **ſtatt.**

3. **ihr das Haar,** lit. "the hair to (for) her," = *her hair;* cf. note to 6, 1, 2.

5. **burfte nicht,** *was not allowed.*

6. **es,** notice the grammatical gender of the pronoun, alternating with the natural here and elsewhere, and cf. note to **6,** 15. — **so** is very idiomatically used here and elsewhere, nothing corresponding in English unless it be a word like *vigorously.*

8. **einmal,** accent on first syllable, so = *one time.*

9. **über die Linde braußen,** note the accusative in connection with **in die Morgenluft;** in a similar way, the author might have said **unter die große Linde, 4,** 16, expressing the goal of a motion twice. — **braußen** does not denote a goal.

10. **aus** belongs together with **von,** see Vocab.

12. **auf** with the accusative, expressing the goal of **schien.**

14. **vorhin,** according to the usage of to-day, should refer to a time shortly (by a few hours at most) preceding the present, that is, here, the story-teller's *present;* but here, as in other passages of the book, the author uses it in regard to the time preceding the story-teller's *past.*

19. **so sehr** with dependent word-order = *much as* or *however much,* cf. note to **2,** 9. — **ich vermochte,** the normal word-order is not unusual after a concessive clause; but **so vermochte ich doch** would be entirely correct.

20. **hörte ich,** supply *a sound,* or *a noise.*

27. Cf. note to **8,** 8.

9. — 3. **Es war mir** etc., say: *A fright, as it were, had paralyzed my limbs.*

7. **sieben** (no need of adding **Uhr**); even now schools open at seven o'clock in the "summer" half-year between Easter and Michaelmas.

12, 13. **Erst um neun Uhr saßen wir** = *Not until it was nine o'clock did we sit.*

14. **Tafel und Rechenbuch,** the article would be necessary with *one* of these nouns; note also the use of the singular.

15. **voller** is the petrified form of the strong nominative singular masculine, but is used in regard to all genders and numbers and alternates with **voll von** and **voll** with genitive

(which need not be clearly expressed, cf. **66**, 7). — The standard edition of Storm's *Works* has von Birnen ſtarrend (*bulging
with pears*).

16. **kam eben,** *was just coming*, cf. note to **5**, 17–19. — **Stadtausrufer,** more common for such a person is the term Bettelvogt, for example in Storm's Bötjer Baſch (*Works*, Vol. VII,
p. 47): als am Nachmittag der Bettelvogt durch die Straßen wan-
derte und, mit ſeinem Schlüſſel an das große Meſſingbecken ſchla-
gend, ausrief etc., and (ibid. p. 48) der dicke Bettelvogt, and ging
der Ausrufer behaglich huſtend zur Tür hinaus.

17. **dem Schlüſſel,** interesting use of the definite article
easily explained by the first quotation in the preceding note.

19. Note that there is no need of a comma between Puppenſpieler and Herr, the apposition preceding.

20, 21. **iſt geſtern angekommen,** perfect! Cf. **7**, 16, 17 and
note.

22, 23. **Pfalzgraf** etc., based on an old popular tale of Lady
Genoveva who was falsely accused by Golo, the major-domo,
and sent by her husband, Count-Palatine Siegfried, to the
forest of Ardennes to be killed, but was spared by the exe-
cutioner out of pity and finally restored to the love of her
husband; a white doe who nourished the countess's infant
was the means of reuniting the couple.   The eighth century is
the time of action.

25. **räuſperte er ſich,** cf. quotation in note to line 16.

10. — 6. **umgeben** is the perfect participle of the inseparable verb umgeben.

10, 11. **du biſt g'ſcheit,** more often with negation, du biſt
nicht (recht) geſcheit, *you are not in your right mind.*

12. **willſt,** no need of an infinitive denoting a motion with
wollen, ſollen, müſſen, dürfen, cf. "Truth will out."

19. **Halt,** see Vocab. sub halt.

22. **von mir,** here = *of mine.*

23. **Ladendiener,** now superseded by Kommis' (s silent) and
Verkäufer, just as Ellenkrämer is superseded by Schnittwaren-
händler.

11. — 1. fragte sie noch = *she barely found time to ask.*

6. auf den Tisch, accusative here rather unusual. Note also the easy way of dropping the first part of the compound Ladentisch.

10. Kannst = Kannst du, cf. line 1. — brauchen, here and elsewhere instead of gebrauchen. — Ob sie etc., lit. "If (Whether) she could," etc., but say: *Could she use it!*

11. sollte = *was to.* — ja, *you know,* or *why,* the latter to be placed at the beginning of the sentence, cf. note to **1**, 22.

11, 12. auf den Abend noch, *for* (cf. note to **4**, 11) *that very evening.* — geschneidert bekommen, not very elegant expression for *have . . . made for him.*

16. braunen, the weak ending is practically obligatory (not optional, as some grammars state) in the genitive singular of the masculine and neuter of the adjectives. The nominative (brauner Plüsch in this example) is more usual after the nominative (and possible after other cases) of nouns denoting a quantity or measure, cf. **18**, 14 and **49**, 13, 14 and notes (and **53**, 24).

18, 19. wenn . . . wäre, *if . . . should be.*

22. Rein, part of the story-teller's narration, cf. note to **5**, 1.

23. Schön Dank, dial. for Schönen Dank, cf. **6**, 18

24. schauen is used in the dialect parts of the story more and in other ways than in the literary German; here = *open his eyes.*

12. — 7. ja, cf. note to **11**, 11.

8. sollte, cf. note to **11**, 11. — Jungens, Low German sign of the plural, s, added. — Doppelschilling. The Schilling, of a value of about two cents, was widely used in Schleswig-Holstein and adjoining territories before it and other coins were superseded by the coinage of the new German Empire in 1876. It had twelve pfennigs; the smallest "silver" coin was the Sechsling.

10. kam . . . hergeflogen, *came flying.* — das Lisei alternates with die Lisei; no article in English.

11. **mich's verſah;** '**s** = **es** is the old genitive, but looks like the accusative and is now felt as such.

13, 14. **Erſter Platz,** cf. note to **14**, 11.

17. **was mußten** etc., lit. "what must those be for (*or* in the way of) nice people," but say: *what nice people they must be,* and note the neuter sing. **das!**

18. **Alſo heute abend,** *To-night then.*

25, 26. **die — Pokale,** cf. note to **1**, 15, 16.

13. — 1. **waren . . . verſchleudert,** supply **worden,** which should not have been omitted, and say: *had . . . disappeared.*

3. **Bürgerſteig,** called **Spazierweg 64,** 18. — **hinausläuft,** note the tense referring to the time of Paulsen's telling the story and cf. note to **1**, 21. — **zur** contains the definite article but corresponds to the English *for a* or *as a.*

5. **von niemandem wieder . . ., noch** = *neither . . . nor . . .* by *anybody;* **niemand** (uninflected) would be very correct.

9. **durchreiſende** = **durch (die Stadt) reiſende.**

10, 11. **mit — Schützenbruder** = *on which the brother-rifleman was painted;* **Schützenb r u d e r** is rather patronizingly used here.

12, 13. **das Ende** etc., a proverbial saying not universally known; Storm begins a letter to his parents: **Liebe Eltern! Das Ende trägt die Laſt!** Most Germans would say: **Das dicke Ende kam (kommt) nach.** It corresponds to *The worst was (is) yet to come.*

13. **erſt** = *only, not until,* cf. note to **9**, 12, 13.

15. **meinte,** may be = *thought,* or = *observed.*

16. **ſtilleſitze,** cf. note to **3**, 10.

17. **an Ort und Stelle,** *on the spot, at my destination;* note that the two synonyms are used without an article and cf. note to **9**, 14.

18. **derzeit,** etc. In a similar strain Storm says (*Works,* Vol. III, p. 127) in regard to his boyhood days: **Wir konnten damals noch nicht am eigenen Tiſche frühſtücken und in Hamburg zu Mittag eſſen; Alles blieb deshalb hübſch zu Hauſe, und was wir dort hatten, das würzten wir uns und machten es ſchmackhaft und koſteten es aus bis auf den letzten Tropfen.**

20. **eine weite Reife,** about a hundred miles.

20–22. **hatten fich — können,** lit. "had been able to make loathsome to themselves the little things at home by means of the splendors to be seen yonder (in that city, viz. Hamburg)," but say: *had been in a position to get tired of the little things,* etc. — **die dort zu fchauenden,** note the passive meaning of this "gerundive" which has the form of the present participle preceded by **zu.**

25. **fo,** unemphasized and not to be rendered, but cf. note to **8,** 6.

27. **ftumm und ftarr,** alliteration! — **mir** = *from me.*

14. — *2.* **harrend** with the object in the genitive, just like **pflegen** (cf. note to **5,** 13). — **alles,** neuter singular in regard to persons, *one and all.*

3. **fiedelte,** singular entirely correct in spite of **mit** etc., cf. note to **5,** 24.

10. **finfter** (adv.!), supply **ausgeprägte Maske.** The **finfter ausgeprägte Maske** is emblematic of tragedy, the **lachend ausgeprägte Maske** of comedy.

11. **Plätze,** evidently here = *benches* or *rows,* different from **12,** 14 and 19 (*section,* **Erfter Platz** = *parquet*) and **14,** 14.

15. **in die Höhe** goes with **bauten fich; in die Höhe, fo daß** = *to such a height that.*

16, 17. **fich . . . befinden mochte,** *possibly was.*

23. **fo etwas** (**fo** alone stressed), *such a thing.*

26. **feine** refers to **Vorhang.**

26, 27. **die geheimnisvolle Welt hinter ihm** is the subject, and not merely **die geheimnisvolle Welt,** see **7,** 7, 8.

15. — *2.* **mit e i n e m Schlage,** *at one blow.*

4. **um** denotes the space of time (or place) *by* which someone or something is advanced or set back.

10. **wollte,** *was going to.* — **Mohren;** calling the *Saracens,* the followers of Mohammed, *pagan,* is thoroughly in keeping with the spirit of the times (eighth century) in which the history of Genevieve is placed.

16. **follte reiten laffen,** word-order unusual for **reiten laffen follte.**

20. **in,** *in a.*

21. **hinter,** *from behind,* cf. note to **7,** 12. — **hervorgestürzt,** cf. note to **12,** 10.

23. **wenn ... nur,** lit. "if only," say: *I hope to goodness that.*

16. — 3, 4. **feinen,** evidently referring to women's voices, and **schnarrenden** to men's. — **denn doch,** *after all;* the boy does not know for some time whether or not these figures appearing on the stage are living beings.

6. **gleichwohl** refers to the idea contained in **unheimliches;** the *uncanniness* of the figures repelled the boy, but their *liveliness attracted* his eyes.

8: **sollte es ... kommen,** say: *things were to be ...*

10. **Kasperl** or **Kasperle** is such an important part of the German puppet-show that it is also called **Kasperle-Theater.** This clown gets his name from Caspar, one of the "three wise men from the East." He is also called **Hanswurst** (Jack Sausage) and corresponds to the English *Punch,* or *Jack Pudding.*

14, 15. **mußte ... haben,** *must have had.* — **so,** that is, *in his own inimitable way,* cf. note to **8,** 5.

17. **auch er,** *it too;* **er,** the monosyllabic personal pronoun, could not possibly follow **auch** here unless it were highly emphasized. — **sich — wüßte,** *did not know what to do for mirth;* note that **vor** corresponds here to *for,* and cf. line 13.

18. **dabei,** cf. note to **1,** 17.

20. **schrie es,** impersonal; say: *a voice was heard.* — **gesprungen,** cf. note to **12,** 10.

21. **sprach ... mit,** usually = "spoke to," but here = *spoke by means of,* cf. also **15,** 17, 18.

23. **es — ging,** *it downright* (or *fairly) sounded.* — **nix** imitates the "language" of the thumb when it is snapped.

24. **kriegst du** = **wenn du ... kriegst.**

26. **verquer',** North German peculiarity for the literary German **quer.**

17. — 3, 4. **warm gestellt** = *placed in* (or *on) the stove* or *oven,* *put to the fire, kept warm;* in the same way, ḥeiß ſeṭen occurs **51**, 18.

6. lebendig, cf. note to **16**, 3, 4.

8. mir war . . . ʒu Sinne, *I felt.*

9. eine Weile, accusative corresponding to a construction with *for.* — mit ſeinem flugen Lächeln, say: *smiling in his clever way.*

10. bu barfſt nidt, cf. notes to **8**, 5 and **10**, 12, and remember that id barf corresponds to the English "I may," but id barf nidt is *I must not.*

11. Dinger, instead of the regular plural Dinge, is at the present time always used in a depreciatory way.

13, 14. Die . . . mir = Meine. — gerieten, see geraten in the Vocabulary.

15. Plaṭ; seats in the class being assigned from time to time according to proficiency in the most important studies, the boy holding first place has a position of both special honor and responsibility.

17. a+b etc., to be read, a plus b gleid x minus c.

22. rief es, cf. note to **16**, 20.

23. mit einem Saṭe = *at one bound;* cf. note to **15**, 2.

26. grinſend adverbially modifies auf mid ḥerabnidend.

18. — 1. ḥerʒtauſig, *deuced*(*ly*), seems rather to have to do with Herʒ(ens)baus, "ace (deuce) of hearts" and thence "capital fellow," than with tauſend.

2, 3. ḥadte etc., *he pecked my nose with his long red one.* — benn, expletive, not admitting of translation.

6. von der Puppenfomödie; the rule that "infinitives (and participles) follow their own modifiers" easily allows exceptions in the case of lengthy prepositional phrases which have an accent of their own and are less closely connected with the verbal form than an object (direct or indirect) would be.

9, 10. Doftor Fauſts Höllenfaḥrt, the most famous of all the German puppet-plays, since Goethe, who as a boy had been acquainted with it, raised the subject into the highest spheres of human thought and endeavor, writing *the* Faust.

A magician of that name *did* ply his art in various towns of Germany in the first decades of the sixteenth century.

11. **war es . . . auszuhalten,** lit. "it was . . . to be endured" = *it could . . . be endured.* — **Wie die Katze** etc., proverbial saying which is in universal use.

14. **Pole,** cf. note on Title. — **es könnte** = *there might.* — **dir . . . vom Herzen** = *from your heart.* The whole phrase corresponds to *it might break your heart.* **Blut,** in the same case with **Tropfen!** Cf. note to **11,** 16.

18, 19. **erst auf der Straße wurde es** = *not until I was in the street did it become,* cf. note to **9,** 12, 13.

20. **abzuleben waren** = *were to be lived through, had to pass,* cf. note to **18,** 20–22.

21. **hinter den Gärten,** notice the dative which denotes the place where the **laufen** takes place, and pay attention to the position of **auf den Bürgersteig** at the end.

22, 23. **zog es mich . . . hinein,** entirely impersonal, = *I was drawn in, I felt drawn in.* — **vielleicht, daß** etc., and **Aber ich mußte dann** etc. contain the lad's reflections.

25. **ich mußte** *I should have to go,* cf. note to **10,** 12.

26. **dann,** *in that case.*

27.–19. — 1. **Mir wurde . . . zumute,** cf. note to **17,** 8, and say: *I began to feel.*

4. **um,** lit. "by" (cf. **15,** 4 and note), but say: *for,* or omit.

8. **Haff** used for *sea* by Storm here and elsewhere; the usual meaning is "that part of the sea which is separated from the whole by a neck of land (or by a point)," e.g. **Frisches Haff, Kurisches Haff** on the Baltic.

8, 9. **war zu sehen,** *was to be seen,* cf. **18,** 11 and note.

21, 22. **B'hüt'** etc. = *Dear me! Surely I did not know what was slinking about out there.* Inversion with **doch! — Wo . . . daher,** dial. = **Wo . . . her** or **Woher,** all meaning "Whence."

23. **Ich geh' spazieren; 10,** 7, 8, he had asked her: **Willst du spazieren gehen . . .?**

20. — 1. **ist ins Quartier,** supply **gegangen.**

3. **heunt** originally meant *this* (past or following) *night*

and still has that meaning in some South German dialects; abenb was added when heunt was mixed up with heut, the shortened form of heute.

4. benn, cf. 6, 8 and note.

5. ba = *here.*

6. meine, use the preterit.

8. Nein, cf. note to 11, 22.

11. ber heißt, *that one is called*, or *he is called*, the equivalent of an English relative clause; note the word-order and also the masculine gender in spite of the feminine Puppen.

12, 13. ben möcht' ich gar zu gern . . . sehen = *I should like ever so much to see him . . .*

14. Wurstl = Hanswurst with diminutive l, cf. note to 16, 10.

15. es ging', preterit subjunctive, the most usual German expression corresponding to an English conditional present, just as the pluperfect subjunctive corresponds to the conditional perfect. — schon often = *certainly, surely, be sure to.*

21. nur is part of the subject, otherwise the position would be nur fielen einzelne Lichtstreifen.

23–25. hob etc. = *raised the hangings consisting of a rug along the side wall.*

21. — 12, 13. hätte mir gern . . . besehen, *would have gladly viewed*, or better *should have liked to view*, cf. note to 20, 15.

16. bazu is practically redundant here, her alone being used in literary German.

18. benn, cf. note to 20, 4. — ber, *that one, he.*

25. ihm, cf. notes to 6, 1, 2 and 8, 3.

22. — 1. antwortete es, cf. note to 16, 20, and say: *a voice answered.*

5, 6. war . . . vor die, cf. note to 20, 1. — wohl, *probably.*

19. ja, *nay.*

21, 22. es wollte nicht gelingen, cf. note to 1, 23; wollte, *would.* — tat es, impersonal, just like gab es, *there was.*

23. Hand vom Brett! Proverbial saying = *Hands off!*

24. hättest bu können . . . anrichten, instead of the regular

position with **fönnen** at the end; cf. notes to **7**, 16, 17 and **15**, 16.

23. — 2, 3. **gel**, — **g'habt**, *you had your fun, did you not?* — **gelt = nicht wahr.** — **Gaudi**, only South German, for **Spaß** or **Gaudium** which is bodily taken from the Latin.

4. **vorhin**, cf. note to **8**, 14.

5. **wird ... gewesen sein**, the future perfect denotes a past probability, = *was probably;* **ja** strengthens the idea.

7. **doch**, *after all;* cf. note to **16**, 3, 4.

8, 9. **allerliebste Sprache**, the extremely High German dialect of the little girl from Southern Germany appeals to the boy of Low Germany, just as his talk would be admired in Middle and Southern Germany; in fact, in our author's **In St. (= Sankt) Jürgen**, which takes its title from the St. George Charitable Home (cf. Introd. p. vi) at Husum, a journeyman whom fate has transplanted into Southwestern Germany finds that the people with whom he stayed "liked his pronunciation which at that time was still North German, and they wished that their children also might sometime speak what they considered pure German" (*Works*, Vol. II, pages 36 and 37).

10. **mit**, *along (with her).*

11, 12. **heimlich vor**, *as a secret from.*

20. **Allein**, here = **Aber**.

22. **was ... auch** = *whatever.*

23. **über** goes with the preceding accusative of time, = *during;* say: *the whole day long;* cf. **2**, 12, where **nach** is used similarly in postposition.

23, 24. **diesen — Laut**, cf. note to **1**, 15, 16.

24. — 2. **am Sonntagabend** = *it being Sunday evening.* — **alles** = *every seat.*

3. **fünf Schuh**, the singular form is regularly used with masculine and neuter nouns of measure after cardinal numbers, **zwanzig Schritte** (**19**, 4) being rather exceptional. — **Schuh** is less used now, than it formerly was, to denote a measure, **Fuß** taking its place (not to speak of the more modern terms of the metric system).

10. **einbringe.** Present subjunctive here and in the following lines, cf. note to **2**, 22.

11. **vor Schulden** etc., cf. note to **16**, 17.

12. **jetzo,** intentionally archaic instead of **jetzt.** — **sich,** unnaturally placed late in the sentence, aiding to impart an archaic (and stately) flavor.

15 f. **kam** etc., *said another, a fine voice, coming from the right-hand side,* cf. note to **6**, 26, 27.

22, 23. **Er bat** (object not expressed), **ihm . . . zu gestatten** = *He asked to be permitted . . .*

24. **Es hat** = *There has.*

26. **fürtreff'liche,** intentionally archaic instead of **vortreffliche.**

27, 28. **nickte . . . mit dem Kopf** = *nodded his head.*

25. — 3. **Mit einem Satze,** cf. note on **17**, 23, but the following **daß**-clause leaves a possibility that **Mit einem** is the equivalent of *At such a.*

5. **auf dem,** note the case!

7. **Sonntag;** slight blunder of the author, the first performance having taken place on a week-day, cf. page **9**, especially lines 5 to 17.

8. **so sehr** etc., cf. note to **8**, 19; again the word-order of the principal sentence is not influenced by this dependent clause.

12 f. **Wenn** etc., this speech occurs literally in the old puppet-play.

13. **sehen tät'** = **sähe,** cf. note to **19**, 21, 22.

14. **was,** colloquial for **etwas.**

15. **Sach'** is used here = *affair,* but as *thing* in line 17; in the same way there is a pun on **Schwung.**

16. **jetzund',** living in dialects, does not have the same effect as **jetzo, 24,** 12. — **'s,** possibly **s'** = **sie** would be preferable, referring to **Sach'.**

21. **um,** cf. notes to **15,** 4 and **19,** 4.

23. **sprach und tat nichts** = *neither spoke nor did anything.*

24, 25. **man hörte . . . sprechen,** lit. "one heard speak," but say: *a . . . conversation was heard.*

27. **Da hatten wir die Bescherung** = *Here was a nice mess;* **Be-scherung** originally and usually = "distribution of (Christmas) presents."

26. — 1. **wäre gern fortgelaufen,** cf. note to **21,** 12, 13.

2. **Und wenn gar . . . etwas geschähe!** *What if (God forbid) something should happen . . .!*

4. **wobei,** the exact relative (and interrogative) correspondence of **dabei** (cf. note to **1,** 17), means lit. "at which, during which, in connection with which," but the gerundial construction is often to be preferred, as here: **wobei ihm Kopf und Arme . . . herunterhingen** = *his head and arms hanging down.*

8, 9. **laß' Er sich . . . in das Maul sehen,** *let me look into your mouth,* lit. "may he let look into the mouth to himself." — The pronoun of the third person singular naturally preceded that of the third person plural as a pronoun of address for one person.

12. **Verzeihen,** plural verb in regard to a title in the singular is now restricted to the language of courtiers and of servants.

20. **du lieb's Herrgottl** = *goodness gracious.*

21. **so ein** = *such a.*

27. — 1. **bin ich . . . entraten,** *I am rid.* — **baß,** *better,* originally adverb of **besser.** Both expressions are archaic. — **Dinger,** cf. note to **17,** 11.

6, 7. **machte** etc. = *turned his head with dignity.*

11. **Heere, mein** (*Works* mei) **Gutester** = **Höre, mein Bester** or **Heerense** (**Hören Sie**), **mein Gutester** regularly occurs in the extremely numerous funny (or would-be funny) stories that have to do with the inhabitants of the kingdom of Saxony and their dialect (all said in a peculiar singsong).

13. **Stüd** does not represent the pronunciation of this Saxon; he would say **Stid.** — **kenn's** = **kenne es.**

14. **Seifersdorf;** there is actually a village of that name near Dresden, though most readers of **Pole Poppenspäler** are likely to consider it "well invented."

15. **'s,** here = **das,** — **Leipziger,** *Leipziger,* merely denotes that

the journeyman 'hailed from' Leipzig, the famous university town and big commercial place in the kingdom of Saxony.

24. **Mephiſtō'pheles**, that form of the name of the emissary of hell which, being used by Goethe in his *Faust*, has superseded all others.

25. **das Hörnchen** etc., cf. note to **5**, 28.

28. — 6. **Parmā**, the city in Italy, formerly with the court of a duke, to which Faust and the devil flew.

7. **mit dem Kopfe** goes with nickte; **wackelnd**, as adverb, belongs to mit dem Kopfe nickte, cf. note to **17**, 26.

16–19. The puppet-play jester's parody on the cry of the night watchman, an example of which is:

> Hört, ihr Herr'n, und laßt euch ſagen,
> Die Glocke, die hat zwölf geſchlagen.
> Bewahrt das Feuer und das Licht,
> Daß niemandem kein Schaden geſchicht.

— **ihr Herr'n**, lit. "ye masters," but say: *my masters.* — **laßt euch ſagen**, *let* (supply *me*) *tell you.*

19. **der Klock'**, genitive (in rare use) of Klocke, a dialect form of the literary word contained in the following line.

22. **Heulen und Zähneklappern** (with an unoriginal r, cf. **22**, 12, where I have restored klappen from the reading of the *Works*), of course a well-known quotation from the Bible.

24. Pronounce as if these Latin words were German.

25. **fuhren**, cf. note to **5**, 17–19 and especially that on **9**, 16.

29. — 1, 2. **glaubte ich**, ... **zu hören**=*I believed I heard* ...

2, 3. **ich horchte näher hin**, *I bent down closer to listen.*

4. **wenn**=*what if*, cf. **26**, 2 and note.

16. **taſtete ... weiter**, see Vocab. sub weitertaſten.

19, 20. **biſt du es**, *is it you?*

26, 27. **haſt verdreht**; word-order! Cf. also notes to **15**, 16 and **22**, 24.

30. — 8. **zu Haus** (or zu Hauſe) is *at home* in best present-day usage, but is used for nach Haus (or nach Hauſe) by the less educated Germans.

9. **Peitſch'n**, not to be taken as a plural, such a form (cf. auf **Erben**) reminding us of the fact that feminines, contrary to the present rule, *did* vary in the singular in the older periods of the language.

13. **Alſo**, cf. note to **12**, 18. — **außer mir ſelber** = *besides myself, in addition to myself.*

17. **Gret'l**, dial. for **Grete**, a shortening and endearing form of **Margare'te**; note the accent! The English *Maggie*, which is so widely different from the German, is explained by . the fact that the English had the power to give the Germanic accent (on the first syllable) to this Greek-Latin name. — Punch's wife in the English puppet-show is Judy (a shortening of Judith).

18. **auch**, cf. note to **6**, 20.

20. **alles**, cf. note to **14**, 2.

25. **nur** is followed by **hinten** etc., with which it is closely connected in thought, and not by the verb, cf. note to **20**, 21.

31. — 2. **auch ſie**, cf. note to **16**, 17. — **ſie ſchieuen**, take up **auszuputzen**.

4, 5. **immer finſterer**, lit. "ever darker," but say: *darker and darker.*

6. **wo die Liſei** etc., cf. **60**, 26 and note, and say: *what has become of Lizzie!*

7, 8. **zu ſeiner — Frau**, cf. note to **1**, 15, 16.

9. **ſtörrig**, the uninflected form of the neuter singular nominative and accusative of the strong adjective occurs even outside of dialect speech.

10. **wird ſie gelaufen ſein**, cf. note to **23**, 5, but use the perfect here, or say: *she is likely to have run.*

15, 16. **mein'm** (*Works* **mei'm**) **Vater ſelig**, a set phrase for *my father of blessed memory, my deceased father;* **meinem ſeligen Vater** would also be correct.

20. **uns**, here, as often, reciprocal, *each other.*

21. **ſchon**, cf. note to **20**, 15.

22. **eben . . . ſtand**, cf. note to **9**, 16.

25. **wollen**, there being no infinitive with the compound

tense of the modal auxiliary (cf. note to **7**, 16, 17), the regular participle gewollt was to be expected. — At the end of Geisselbrecht's puppet-play there is indeed a remark to this effect.

32. — 5. **bei uns** = *at our show.* — **geb'n,** supply **worden.**

11. **i geh' nit,** the t supplied by me from *Works.*

16. **ging's** = *they went.*

19. **ein,** with or without emphasis, with more chances of "with."

20. **Heißeweden,** rather a local expression occurring in other works of our author.

21, 22. **für einen — Schilling,** cf. note to **1**, 15, 16. — **meiner Mutter,** notice the force of the German dative with verbs (especially compounds) denoting ever so remotely a separation, and cf. **13**, 27 and note.

25. **als verstehe es sich von selbst,** lit. "as if it understood itself of itself, as if it were self-understood," but say: *as if it were a matter of course.* — **verstehe es sich** . . . = **wenn es sich** . . . **verstehe;** the present subjunctive easily takes the place of the more regular **verstände (verstünde),** just as, on the other hand, the preterit subjunctive is frequently found in indirect discourse for the present subjunctive even where the preterit form is not warranted by the rule laid down in note to **2**, 22. — **besorge,** evidently is intended for a present subjunctive; a preterit subjunctive **besorgte,** though not showing any difference from preterit indicative, would be more according to the rules.

33. — 2. **wird's heller sein,** may be the "presumptive" future, expressing probability, *it is probably lighter* or *there is probably more light,* cf. note to **23**, 5.

3-5. **ließ sich** . . . **von mir** . . . **hinausleiten,** lit. ". . . let lead herself out by me . . .," or ". . . let herself be led out by me . . .," but say: . . . *let me lead her out* . . ., or . . . *allowed me to lead her out* . . .

6. **hinter der Verkleidung,** cf. note to **18**, 21.

10. **vorhin,** cf. note to **8**, 14.

15. **Kasperls,** cf. note to **12**, 8.

17, 18. hatte . . . liegen, *had . . . lying.*

19. hätte ich geglaubt, cf. note to **20**, 15.

22. umhergeſtanden, supply hatten, although the author who meant the umher of umhergeſtanden to be understood with ge= klettert too, may have supplied waren, being deeply absorbed in South German speech which indeed allows the auxiliary ſein in the perfect tenses of ſtehen and ſitzen.

34. — 7–9. fing . . . die ſtille Geſellſchaft mit ihren hölzernen Gliedern an zu klappern, the an should either (preferably) follow Geſellſchaft, or be placed after klappern. In a letter to Mörike, Storm even wrote: Ich werde jetzt wieder an zu ſingen fangen.

16. ſchützen mußten, supply an object such as *a person* or even *me.*

17. die große Kiſte, mentioned **21**, 15.

21. ſo recht strengthens the following, but cf. note to **13**, 25 for ſo.

25. i frier', the personal construction is used a good deal with frieren in the meaning of *to be cold;* but the impersonal construction (see **35**, 1) is more correct.

35. — 3. ließ ſich etc., cf. note to **33**, 3–5.

7. ſteig', present with meaning of future, extremely common in German.

21. noch denotes something like "as a last thing (utterance)," cf. **11**, 1 and note.

23. aus belongs together with von, both together mean *from;* cf. note to **8**, 10.

36. — 7. auch das, *that too.*

8. nicht goes with wagte.

11, 12. wenn . . . auch, *even if, although.*

14. es, cf. note to **2**, 1.

15. wirklich beſaßen = *did have.*

16. gerieten, see Vocab. sub geraten and note the standard word-order of the dependent clause, comparing note to **4**, 1, 2.

18. mir etc., impersonal use of träumen; ich . . . geträumt habe would also be possible.

19. **Mir war,** cf. note to **17**, 8 and see **fein** in the Vocabulary. — **als fäße ich,** cf. note to **32**, 25.

20. **an den Wänden** is part of the subject! Cf. **7**, 7, 8, and **14**, 26, 27 and note.

21. **außer mir** (*except myself*) is part of the subject.

24. **einmal** etc., lit. "one time after the other," but say: *repeatedly.*

25. **mit kläglicher Stimme,** *in a,* etc.; the indefinite article is not necessary in such prepositional phrases.

37. — 2, 3. **feh'... einer,** lit. "may someone see," but say: *just look at.* — **mir,** cf. note to **8**, 1.

4. **barfcher,** uninflected form of the comparative, used here adverbially.

6, 7. **in die Höhe,** that is, *out of bed.*

16, 17. **faft ... geriffen hätte,** lit. "almost should have torn," the equivalent of *came near tearing* or *pulling.*

20. **aus unferer Kiste heraus** most likely is as much as *having climbed from our box.*

21. **was** etc., connect with **erzählte.**

38. — 2. **verheißen** (supply **worden**) **wäre,** cf. note to **13**, 1.

5, 6. **bald ..., bald,** see Vocab. — **wie beteuernd,** *as if by way of assurance.*

8. **auch,** cf. note to **6**, 20.

10, 11. **Laffen wir es diesmal halt dabei,** lit. "Just let us leave ('may we let,' subjunctive) it at that this time," or better perhaps *We will let the matter rest.*

19. **anderen,** *next, following.*

22. **geriet,** cf. note to **36**, 16.

26. **nach,** cf. **2**, 12 for **nach** in postposition with a different meaning.

27. **will i,** the equivalent here of *won't I;* the pronoun is highly emphasized, cf. note to **63**, 13.

39. — 3. **anderen,** cf. note to **38**, 19.

5. **Herr,** nothing in English corresponds to this addition of a title.

7. **denn doch,** cf. note to **16**, 3, 4.

8. **Mechā'nizi** (last i long), plural of **Mecha'nikus**; usually **Mechaniker** takes its place.

10. **Gel,** cf. note to **23**, 2, 3, and place *will she?* at the end of the whole.

17. **meines Zeichens,** adverbial use of the genitive, = *by trade;* the **Zeichen** is the "sign" of the artisan or tradesman which hangs out over the street. — **Berchtesga'den,** a small town situated in the most southeastern part of the kingdom of Bavaria and the southernmost of the German empire; it is a well-known summer resort and has been famous for centuries for the excellence of its wood carving.

18. **selig,** cf. note to **31**, 15, 16.

20. **Reserl,** cf. **Resel, 31,** 26. — **Gaudi,** cf. note to **23,** 2, 3.

21. **Geißelbrecht,** Anton Geisselbrecht, an historical person living in the eighteenth century and at the beginning of the nineteenth.

40. — 2, 3. **Euch . . . zu helfen wußtet,** lit. "knew how to help yourself," but say: *knew what to do.*

9. **Taschen,** cf. note to **30,** 9. — **in der Taschen** = *up his sleeve.*

15. **ausbreitet,** cf. note to **13**, 3. — **nur blühten,** cf., by way of contrast, **30,** 25 and note.

19. **denn doch,** cf. notes to **16,** 3, 4 and **39,** 7.

21. **heiße,** indirect discourse.

22. **Ja,** note the many **ja** at the beginning of indirect discourse.

23. **Lisei heiße es,** the subjunctive makes things so clear that there is no need in German of introducing the indirect discourse by means of *she said* or *she answered.*

25. **Hochdeutsch,** here = *literary German;* as for High German, hers is as high as any could be.

41. — 10. **so,** expletive, as often. — **ein vier Wochen,** "a (space of) four weeks," *a month or so.* — **am Orte,** *in a place.*

14, 15. **es hab' sie . . . gefroren,** cf. note to **34,** 25.

17. **hatte zusteuern sehen,** cf. note to **7,** 16, 17.

22, 23. **da steckt . . . darin,** one of the two **da** is redundant, lit. "therein is contained," but better, *it will provide.*

25. **biefe**=*the latter*, cf. note to **3**, 26.

42. — 1. **folche Narreteien**; not only is it not customary in the greater part of Germany (the extreme East and South differ) to kiss a person's hand, but the inhabitants of our author's home are very sparing of outward signs of affection even within the family, as is mentioned by him in numerous passages.

3. **warnend**, cf. note to **17**, 26.

6. **beren**, "that one's," that is, *her.* — **um**, to be connected with **ju bewahren**.

11. **Herr Teubler**, supply the verb from the preceding.

13. **Schützenhof**, reintroduced from *Works* in place of **Schützenhaufe**.

17. **ihr** is the dative of the indirect object, depending upon **geftattet worden** (supply **war**), the whole corresponding to *she had been permitted*.

20, 21. **angehalten fein**, cf. note to **13**, 1.

22. **Weißes.** Christian Felix Weisse (1726–1804), a writer of tragedies and comedies, but now more favorably remembered as a writer for the young, edited twenty-four volumes of the quarterly **Kinderfreund** (*Children's Own*) from 1776 to 1782.

43. — 1. **was ... für**, cf. note to **12**, 17.

5. **Mir ift's** etc., cf. note to **36**, 19.

9. **als fei**, cf. note to **32**, 25.

17. **brüben**, cf. notes to **36**, 20 and 21.

23. **Wie gern hörte ich meine Freunde loben!** Only the context shows that it means: *How much I liked to hear my friends praised.* The German would be the same for "How much I liked to hear my friends praise (somebody *or* something)."

44. — 7. **wußte ich fie ... zu beschäftigen** = *I knew how to occupy her.* — **auch** emphasizes **meinem**.

9. **glaubte**, the present-day rule requires a pluperfect after **nachdem** when the principal sentence contains a preterit; **als** would have solved all difficulties of tense and of congestion of verbal forms at the place of meeting of the dependent clause and the principal sentence.

12. **wobei,** cf. note to **26,** 4.

14. **der Schnitzmeffer,** reintroduced from *Works* for **des Schnitzmeffers** of the separate edition.

14, 15. **mit Rat und Hilfe,** more usual is the riming couplet mit Rat und Tat.

19, 20. **hatte hergeben müffen,** cf. note to **7,** 16, 17.

24. **folang** etc., *as far back as I could think* (*remember*).

25. **nahm ... dann wohl ... und gab,** *he would take ... and give ...,* cf. note to **3,** 1.

27. **wollte,** cf. note to **22,** 21, 22.

45. — 3. **weitere, nie** etc., cf. note to **6,** 26, 27.

4. **follte,** cf. note to **11,** 11 and take up **können** (*be able*) from the end, and then introduce the other infinitives with modifiers.

6, 7. **wäre geworden,** cf. note to **20,** 15.

8. **über all feinen,** *by reason of, on account of his numberless.*

14. **zufammenfaß,** incorrect singular in spite of **ich ... mit.** — **ihr,** cf. note to **1,** 4; it depends upon **vorlas.**

18. **wohl,** here = **zwar,** *to be sure, indeed;* the English adverb *well* used with a verb (e.g. "to write well") corresponds regularly to **gut,** exceptions (**5,** 18 and note) notwithstanding.

19. **ftatt wie fonft mit ihnen,** that is, *instead of spending my time with them, as I formerly did.*

21. **wußte ich doch,** cf. note to **19,** 21, 22.

22. **brauchte,** cf. note to **11,** 10.

23. **denn auch einmal,** *occasionally.*

25, 26. Cf. notes to **36,** 20 and 21.

46. — 2, 3. **bald ..., bald,** cf. note to **38,** 5, 6. — **hinaus- läuft,** note the tense! Cf. notes to **13,** 3 and **40,** 15.

12. **um,** take up mitzugeben here.

15. **erfparte Sonntagsfechslinge,** (six-pfennig-pieces), *half- schillings received on Sundays and saved* (*by me*); cf. note to **12,** 8.

19. **die** is most correctly interpreted as object (referring to **Geschenke**).

20. **uns,** cf. note to **31,** 20.

24. **dank' . . . schön,** *give my best thanks.*

26.–47. — 1. **das Glöckchen an seinem Halse,** cf. notes to 36, 20 and 21.

4. **am Rande,** note the case (and the meaning, accordingly)!

6. **Immer schwächer,** cf. note to 31, 4, 5.

10. **siehst,** cf. note to 35, 7.

14. **meinen Augen,** cf. note to 32, 21, 22.

17. **soweit . . . mochte,** cf. note to 2, 9.

21. **als sei** etc., cf. note to 32, 25.

22. **Es war eben** = *But then it was.*

25. **Krammetsvögel,** migratory birds formerly coming through Germany (and being caught by bird-catchers such as Storm was himself) in fall and spring, but now settled there.

48. — 5. **um,** cf. notes to 15, 4 and 19, 4.

7. **Quarta,** cf. note to 1, 4.

9. **Lehre,** cf. note to 3, 7, 8. — **diese,** reintroduced from *Works* in the place of **die** which would not be impossible here, though.

12. **Wanderschaft,** cf. note to 3, 7, 8. — **in einer mitteldeutschen Stadt,** Heiligenstadt, one of the principal towns of the Roman Catholic Eichsfeld. See Introd. pages ix and xiii ff. for Storm's connection with the town and the incident on which this part of the story is based.

13. **Es war,** that is, *Everything was, People were.*

13, 14. **in dem Punkte,** refers to **streng katholisch.**

17. **einem,** the cases other than the nominative of **man** are furnished by **ein;** say: *for him.* — **auch wohl,** *may be.*

18. **Frau Meisterin,** *employer;* for **Frau** with **Meisterin,** cf. **Herr, 39,** 5 and note.

20. **in der Fremde,** cf. note to 3, 7, 8. — **um,** cf. note to 46, 12.

20, 21. **die — Wanderjahre,** cf. note to 1, 15, 16.

22. **um das Meisterrecht,** connect with **Bewerbung.**

22, 23. **ich hatte es gut** = *I was treated well.* — **tat mir, wo-**

von etc., *did to me what she possibly wished other people to do, far away, to her child.*

49. — 1. — **Jetzt steht.** The story-teller interrupts his narration to speak of the present condition; note the dash before Jetzt.

2. **in Arbeit,** note the genuine German word-order, in Arbeit, which is closely connected in thought with steht (they form a phrase) being at the end in the principal sentence.

3. **hätschelt mit ihm,** very unusual construction instead of hätschelt ihn or verhätschelt ihn.

4. **zu dem;** the genitive is the usual construction.

8. **zwanzig Grade** (the singular Grad is more usual, cf. note to **24,** 3) unter Null of the Réaumur scale $= -13°$ Fahrenheit.

9, 10. **war . . . zu sehen,** cf. notes to **18,** 11 and **19,** 8, 9.

11. **Bergen,** note that *hills* is sufficient for these Berge. — **klingend,** adverbially used; über das Straßenpflaster connects with jagte.

13, 14. **Schälchen Kaffee** is not usually connected with the way of expression of the western part of the Prussian province of Saxony in which Heiligenstadt is situated; it forms an old standby of those who ridicule the speech (and philistinism exemplified by ever draining untold cups of coffee) of the inhabitants of the kingdom of Saxony, cf. note to **27,** 11. — Kaffee in the same case with Schälchen, the regular usage of to-day, cf. notes to **11,** 16 and **18,** 14; the more logical Schälchen heißer Kaffee would be entirely correct.

17. **die** = *these* or *them.*

19. **Meiner Mutter** etc.= Es war mir noch vergönnt gewesen (*It had been my privilege before leaving home*), meiner Mutter selbst (*myself*) die Augen zuzudrücken.

21, 22. **bei dem — Reisen,** cf. note to **1,** 15, 16; bei = *on account of.* — **nicht einmal,** *not even.*

26. **schon,** *surely.*

50. — 6. **unterbrach mich,** the passive construction best serves in English.

7. **von . . . her,** cf. the frequent von . . . aus, **8,** 10 and note.

13. **Wird,** cf. note to **33,** 2 (and also **23,** 5) and supply subject from lines 10 and 11. — **was,** cf. note to **25,** 14; **was Liebes** = *a sweetheart.*

14. **von . . . aus,** cf. note to **8,** 10.

15. **drüben,** cf. notes to **36,** 20 and 21.

17. **wohl,** cf. line 13 and note to **1,** 2; here *probably* or *I presume.* — **Frau Meisterin,** cf. note to **48,** 18, but say: *madam.*

19. **möcht',** cf. note to **20,** 12, 13.

21. **zugeschlagen,** supply **worden** in consideration of our author's frequent usage, cf. note to **13,** 1; but for this usage, it would be feasible to take **war . . . zugeschlagen** as the pluperfect active voice of the intransitive verb (= *bang*).

24. **um den Kopf geknotet,** rather rare construction, considering the **mit** which is to be supplied for **einem schwarzen Tüchelchen** from line 22.

26. **auch** emphasizes the following word here as so often elsewhere.

27. **es war uns beiden,** cf. note to **17,** 8.

51. — 1. **eben . . . wollte,** *was just on the point of.*

7. **doch,** *after all.*

18. **heiß setzen,** cf. note to **17,** 3, 4.

21. **überragt,** note the tense!

24. **Gerechtigkeit.** In numerous towns and villages the old-established citizens have the *privilege, connected with* their house, of obtaining annually a certain amount of firewood free of charge from the forests owned by the community (Storm, as is evidenced by a letter written from Heiligenstadt, was in a situation very different from that of this woman in regard to fuel); the forests of some towns yield so rich a return that the citizens not only do not pay any communal taxes but even receive an annual bonus in addition to the free firewood.

28. **in den Schoß,** usually in **dem,** but cf. note to **11,** 6.

52. — 16. **als habe,** cf. note to **32,** 25.

53. — 1. **hingeflogen,** supply **war.**

13. **denkt euch,** lit. "think to yourself," but say: *imagine.*

14. **über ihre Bruft,** cf. notes to **11,** 6 and **51,** 28.

15. **Heilige — uns!** A well-known exclamation of surprise, restricted to Catholics.

16. **alfo fo** (this fo with special stress!) **hat's ausgefchaut =** lit. "thus (fo) then (alfo) has she looked (appeared)," but say: *that is the way, then, she looked,* or *so that is what she looked like.*

17. **du,** emphasized, note **du** following **denn!**

19. **doch =** *yet,* to be placed at the beginning of the sentence.

20. **ehrlicher Leute Kind,** a set phrase.

24. **hielt fie,** *she was holding.* — **dampfende Taffe Kaffee,** cf. note to **49,** 13, 14.

28. **wobei,** cf. note to **26,** 4.

54. — 1. **durfte,** cf. note to **8,** 5.

5. **nur ein leichter** etc. = *only a slight tinge of it had remained with her.*

6. **waren . . . auch =** wenn . . . auch . . . waren; the inverted word-order without **wenn** is practically anywhere the equivalent of a **wenn**-clause, cf. note to **16,** 24.

10. **im letzten . . . noch,** *in the very last.*

14. **nicht einmal,** cf. note to **49,** 21, 22.

19. **deren,** cf. note to **42,** 6; **deren** refers to **der Mutter.**

19, 20. **fich** (dat.!) **die Frauenrollen . . . von ihrem Vater einlernen zu laffen,** lit. "to let hammer the feminine rôles into her by her father," but say: *to be drilled by her father in the feminine rôles.*

22. **gelefen,** cf. note to **13,** 1.

24. **vorher** (*Works* have **vorhin,** cf. note to **71,** 21), notice the difference between **vorher** and **vorhin** (**8,** 14 and numerous other passages).

25. **den verlorenen Sohn,** *the Prodigal Son,* a popular subject based on the biblical parable (Luke xv, verses 11–32).

26. **wie fie** etc. = *whatever else they might be called.*

55. — 8. **ift . . . zugeritten,** cf. note to **7,** 16, 17.

8, 9. **hat gezetert und gemordiöt =** hat zeter und morbio ge-ſchrien, lit. "has cried woe and murder," but say: *made a loud outcry, raised a terrible racket.*

9, 10. ſollt' . . . geſtohlen ſein = *was claimed (said) to have been stolen.* — dem Wirt, cf. note to **32**, 21, 22.

13. nit, redundant.

15. verſündige dich . . . nicht. Liſei verſündigt ſich an Paul by saying wir haben . . . ſei Freund.

18. geladen, supply war; war twice in succession would be practically intolerable.

56. — 3. Liſei wollte etc., *To be sure Lizzie even now could not comprehend that.*

6. Straf' nit, note how the author flavors the indirect discourse with dialect expressions from the direct words of Lisei (cf. note to **3**, 10); this explains also the use of von with dative instead of the more literary genitive alone.

11, 12. dem einen, *for (the) one.* — Spinnmaſchinen were worked by the prisoners.

16, 17. zur Beſchleunigung der Sache = *to hasten the matter.*

20, 21. zu . . . in die, note the double expression of the goal, and cf. note to **8**, 9.

24. ſeien, . . . wiſſe, . . . werde, note the subjunctives of indirect discourse and their tenses, and cf. note to **2**, 22.

27. Gefangenhauſe . . . gefangen; imitate in English by having two words of the same stem. — Luft, with stress.

57. — 2, 3. von . . . aus, cf. note to **8**, 10. — Tür an Tür, *door by door.*

6. den rechten, supply from Schlüſſelbund the word that is understood.

58. — 2. habe, cf. note to **3**, 10.

3. Gott (dat.) Dank! More usually Gott ſei Dank.

5. ſpielten, here = *used to play.*

7. von dem etc., cf. note to **56**, 6. — das ſchaut da no heraus, lit. "it still looks out there," but say: *it still is to be seen in you, you still show it,* and cf. ausg'ſchaut **58**, 16 and note.

15. Hätt' ſie, cf. note to **16**, 24, and notice the possibility of inversion (limited though it be) in English. — ſie hätten,

exceptionally the inversion (preferably with a ſo) has not taken place in this principal sentence, preceded by a clause; cf. note to **8**, 19.

16. **du lieber Gott** means no more than *good heavens*, cf. **26**, 20 and note.

22. **der ich**. When a relative pronoun refers to the first or second person, either the verb is in the third person, or the personal pronoun of the first or second person is added to the relative and the verb is placed in the first or second person respectively; the latter alternative is the only one used in easy conversation. Of course, **ich** must be omitted in translation. Cf. note to **7**, 21.

24. **zu meiner Meisterin in die Stube trat**, cf. note to **56**, 20, 21; *joined my employer in the room* possibly gives the meaning most idiomatically.

25. **diese**, *the latter*, *she*, cf. **3**, 26 and **41**, 25 and notes.

59. — 2, **zum**, say: *for a.*

5. **Mein Gott**, see Vocab., and cf. **58**, 16 and note.

11. **dein eigenes Köpfchen**, *a mind of your own*. — **der da**, *that fellow.*

12. **habt gesessen**, cf. note to **29**, 26, 27.

13. **wärst du . . . fortgekommen**, cf. note to **20**, 15.

15. **aus**; for the position, cf. note to **18**, 6 where a similar exception to the rules is stated.

22. **besten Ruhekissen**, easily understood from the universally known proverb:

Ein gut Gewissen
Ist ein sanftes Ruhekissen.

23, 24. **ein sanfter Schlaf**, note how many parts of the dependent clause may precede the subject, provided the latter be of enough force quantitatively (so that the sentence be tolerably well balanced as to the number of syllables of individual parts) and qualitatively (so that the important position towards the end be occupied by the important and new idea for which the preceding parts are the premises).

60. — 9. **aufgetragen war,** cf. note to **13**, 1.

12. **wie . . . auch,** *however much,* cf. note to **2**, 9.

14. **deren,** cf. notes to **42**, 6 and **54**, 19.

15, 16. **vom Tore her,** cf. **50**, 7 and note.

17. **es läutete mir weither aus meiner Kinderzeit,** *its tinkling came from my far distant childhood.*

23, 24. **mit Zügel** etc., cf. **5**, 28 and note.

26. **Wo ist . . . geblieben,** *What has become of,* cf. note to **31**, 6.

28. **vorm = vor dem,** note the case!

61. — 1. **nimmer = nicht mehr.**

6. **Vaterl** etc. Note that Lisei who spoke practically without a tinge of her dialect, **60**, 27 ff., now uses it again, and cf. **61**, 2, 3 with **54**, 3, 4.

7. **verwind't,** present with meaning of the future, see **35**, 7 and note.

15. **geraten,** cf. note to **36**, 16.

16. **nimm,** older form than nehme as a first person singular present indicative (cf. nimmst, nimmt; see also i **vergiß, 62**, 7, 8). The function is rather that of the preterit subjunctive nähme here.

24. **fuhr es,** cf. note to **18**, 25.

62. — 2. **sollte,** cf. **11**, 11 and note. — **oder (sollte) am Ende** (*in the end, may be*) **gar das ganze Leben (vergehen)?**

4. **mir,** *for me.*

6. **mit,** here = *before.*

8. **so lieb** etc., *I never found so pleasant a place.*

10, 11. **als leuchte . . . auf,** cf. note to **32**, 25.

20. **du,** with emphasis.

22. **wie es,** lit. "*as . . . it,*" corresponding to *such as.* — **die . . ., die.** Note that the author does not, on account of the proximity of the first **die** (the highly emphasized determinative pronoun), avoid the relative **die** (less stressed) in favor of the more bookish **welche.**

23. **dir** in emphasized position.

26. **doch = do** or *try to* before the imperative.

63. — 13. **i** must be stressed just as much as **du** (in the latter the spacing shows the intention of the author), cf. note to **38**, 27.

13, 14. **die Kura'ſchi**, dialect form for **Courage** (pronounce ou like u and g like z in *azure*), which, like other words in –age from the French, has become feminine in German.

17. **gel, da** etc., cf. notes to **23**, 2, 3 and **39**, 10, and say for gel: *would I?*

22. **ein Stieg Jahr** (*Works*, Jahre); ein Stieg looks like a lapse into South German (ein' Stieg'); Jahr may be explained by reference to note on Schuh, **24**, 3.

24. **einen See ausbrennen**, cf. **2**, 21.

25. **nicht wahr**, cf. note to **23**, 2, 3.

64. — 6. **darauf**, "towards it, with a view to (seeing)," or simply *to see*.

8. **wo iſt . . . hingekommen**, *whither* (*where*) *has . . . gone*, cf. **60**, 26 Wo iſt . . . geblieben.

18. **Spazierweg**, cf. Bürgerſteig **13**, 3 and **18**, 21 (note!).

21. **Vesperzeit** more usually means "mid-afternoon lunch time" (with Storm too) than *supper time* which it means here.

65. — 3. **bei**, here = *in spite of*.

4, 5. **die rechte Frau für einen . . . Handwerksmann abgeben**, *make an . . . artisan a right wife.*

5, 6. **ſie iſt ſeit lange ſchon bekehrt worden**, neither ſeit nor worden are needed; the addition of the latter word is interesting for the reason that Storm very often omits worden where German usage requires it, cf. **13**, 1 and note, **32**, 5, **38**, 2 (**50**, 21), **54**, 22, **60**, 9 (**61**, 10).

7. **acht Tagen**, *a week*. Remember that the French language also uses "eight days" for "a week" and "fifteen days" for "a fortnight," the latter expression being vierzehn Tage in German, cf. line 12.

8. **von den Bergen**, supply *having traveled*.

14. **Meiſter**. It would be a gross breach of etiquette for even this old journeyman to address his young employer without the word Meiſter occurring as part or whole of the title.

21. **Altenteil** is the most general term (another is Auszug)

denoting the *old people's part* reserved by them when handing over their property to their children, also *retirement* from business, and *retreat*.

23. **Hochzeit.** According to this passage, the wedding took place in spring (cf. line 13 ber erſten Frühlingsblumen, line 22 in ben nächſten Tagen ſchon). On the other hand, by **4**, 12, the anniversary of the same wedding is said to come im Spät-ſommer.

24. **Blutsfreunde hatten wir weiter nicht** = *we had no other kinsmen* (except Tendler) or, more likely, *kinspeople we had none.*

28.–**66.** — 1–4. The thought expressed in these lines had already been treated in 1861 (at Heiligenstadt!) by Storm in a novelette of about fifteen pages entitled Veronika. — **wohl,** cf. note to **45**, 18. — **Nachbarſtadt,** most likely Schleswig.

6. **Härzbritteln,** *Hartz-thirds,* thirds of a thaler, silver coins gained formerly (among others) in the Hartz Mountains where there was a good deal of silver mining. The thaler was approximately the equivalent of seventy-five cents.

7. **voll,** cf. note to **9**, 15. — **Kremnitzer,** indeclinable adjective in –er (cf. Leipziger, **27**, 15, and "Londoner" in English) from **Kremnitz,** the name of a town in Hungary the mint of which had a reputation.

11. **Sparpfennig,** he had called it Notpfennig **43**, 22.

12, 13. **ſeinem Sohne . . . zu ganz gelegener Zeit,** cf. note **3**, 20, and say: *at quite an opportune time for his son.*

17. **wußte,** cf. note to **44**, 7.

25, 26. **ließ ſich** (dat.!) **bie Schickſale ber Puppen erzählen,** lit. "let (object of 'let' and subject of infinitive not expressed) tell him(self) the vicissitudes of the puppets," say: *caused him to tell him the vicissitudes of the puppets,* and note that in English poetry *let* occurs in the same meaning, e.g. frequently in Tennyson's *Idylls of the King;* e.g.

> Then the good king gave order to *let* blow
> His horns for hunting on the morrow morn.
>
> (*The Marriage of Geraint.*)

67. — 1. ja, cf. note to **22**, 19.

2, 3. hatte — abgegeben = *had even served his young maker* (Tendler, though, says, **39**, 22, 23, that he did nothing but carve Kasperle's face) *as a wooer for Lisei's mother.* In Goethe's *Hermann und Dorothea*, the old-fashioned apothecary deplores the fact that, with other customs of the good olden times, the one (described by him in detail) of wooing by proxy has gone out of fashion (Canto VI, lines 253–274).

4, 5. wurden ... auch wohl = *were perchance* or *would be*, cf. note to **48**, 17. — zur, here *for a.*

6. haben, tense! Cf. note to **7**, 16, 17.

9. brin, cf. note to **36**, 20.

10. erst, cf. note to **13**, 13.

10, 11. die Gegenwart der Zuschauer, cf. note to **59**, 23, 24.

14. wandelte, cf. note to **3**, 1.

20–24. A conversation, to be healthily protracted, needs the nourishment furnished by some persons' contradicting the others; otherwise it dies "for want of ammunition."

68. — 4, 5. sich ... mit der Hand ... gefahren war, *had passed his hand . . . ,*

7. soll essen, cf. **29**, 26, 27.

8. wo das hinaussollte, lit. "whither that was to go, whither that was tending," but say: *what he was driving at.*

9. er schaffe etc., note again the excellent examples of indirect discourse (correct tenses), made perfectly plain by the subjunctives without any need in German of *I said.* Likewise line 14, Das reiche etc.

15. eben jenes, *that same.*

18. der alte Puppenspieler, *the puppet-player in him.*

24, 25. Am liebsten hätte ... gesehen, cf. note to **21**, 12, 13.

69. — 1. wollte, cf. note to **22**, 21, 22.

4. Frauenzimmer meant originally "women's apartment," then "all the women in the apartment," then "all the women, womankind," finally "one woman."

5. die; in view of the grammatical gender of Frauenzimmer, das would have been possible.

7. **Lieschen** (*Works*) represents the Schleswig-Holstein pronunciation of the literary **Lieschen** (the separate edition has this) and had to be printed here especially in view of **71, 23**. — **Kröpel** instead of **Krüppel** is not restricted to that neighborhood.

7, 8. **von wegen,** with following genitive; cf. **56**, 23 for an example of the genitive placed between **von** and **wegen.**

16. **exerzierte,** less usual in this connection than **exerzierte** . . . **ein** or, still better, **übte** . . . (**ein**).

17. **dreimal gewürzt,** a peculiar expression not to be found elsewhere, = "thrice seasoned," *dandy.*

18. **nicht einmal,** cf. **49,** 21, 22 and note.

21. **schöne Susan'ne,** see **70, 4, 5** and note.

22. **harmonier'lich,** *harmonious,* but see note to **69,** 17.

26. **Primä'ner,** cf. note to **1,** 4 and **2,** 10. — **Michaelis,** cf. note to **5,** 17–19 and Introd. page vi.

70. — 4, 5. **Die schöne Susanna,** *Fair Susannah,* or "Susannah and the Elders," an extremely popular subject (from an apocryphal part of the Bible) and therefore much treated in popular tales, puppet-plays and — in painting, just as Genoveva and the Prodigal Son and Faust.

8. **Kosak'enwinters** (a short), that is, *the winter when the Cossacks were at Husum* (the winter of 1813–1814, according to Bernhardt's edition), Denmark, the ally of Napoleon I (and with her the duchies united with that country by personal union of the ruler), being occupied by the Russians in the fight against the French.

11. **Honoratio'ren,** cf. **13,** 18 **allerlei Leute,** by way of contrast.

11, 12. . . . **hatten ihre Gedanken jetzt auf andere Dinge** supply **gerichtet,** say: *but the thoughts of . . . were now directed towards other things.*

12–14. **wenn nur . . . nicht gewesen wären** = *if it had not been for . . .* — **der schwarze Schmidt,** in that region of blondes a black-haired or dark-complexioned person easily has a nick-name given to him from that qualification; cf. also Introd. pages xv and xvi.

71. — 3. biefelbe refers to bie Arbeit an ben Maſchinen.

14. ber erſte Plaß, cf. note to **14**, 11. — gar nicht, supply
beſeßt geweſen from the following.

15, 16. auf ber Galerie etc., *the gallery, however, had been
jammed.* — Kopf an Kopf, cf. Tür an Tür, **57**, 2, 3.

17. begonnen, supply hatte.

18. bie alte Lieſchen. The best usage of the present time
does not favor the logical gender of adjuncts in so close a
grammatical connection with a diminutive in –chen or –lein;
the circumstance that chen is not pronounced as an entirely
separate syllable (cf. note to **69**, 7) possibly explains this
exception; it is similar with Liſei.

21. vorhin decidedly is used here in the place of vorher; cf.
54, 24 and note.

27.-**72.** — 1. zwiſchen . . . heraus, *from between.*

7. Schöne Minka etc., the first line of a poem of four
stanzas of eight lines each (rather a duet between the two
persons mentioned in its title: Der Koſak und ſein Mädchen),
composed by Tiedge in 1809 to the tune of a Russian song
the text of which he did not understand; both the text and
the tune live.

8. Nichts boch, one would rather expect Nicht boch. — Kaſperl
ſein' Tochter, the gods of the gallery imitate South German
speech (ſein' instead of ſeine, cf. also halt line 10). But a
circumlocution like Kaſperl (dative!) ſeine Tochter is nearly
universal among the less educated. The English "John
Brown his book" is quite different in origin. Cf. the use of
von, another alternative of the genitive, in **56**, 7 (note!).

9. wiſcht euch's (= bas) Maul! Lit. "wipe your mouths
(watering for it)" = *You may whistle for it.* Less coarse (because said by a very different person) in Storm's Schimmelreiter (ed. Ginn, **40**, 5, 6): „Dann . . . ſoll er ſich ben Mund
wiſchen, wenn er abends mit ſeines Wirts Tochter zu tanzen benkt."

15. ließ ſich nicht mehr halten, cf. note to **33**, 3–5, but say:
could no longer be restrained.

16. Bitten, may be a form of Bitte, or of Bitten.

20. Soffitten, *soffits, flies, borders*, strips of canvas suspended from the top of the stage to represent the sky, ceiling, etc., not high enough in this case to allow a real person to stand beneath them.

26. es trieb (cf. note to **18**, 22, 23) mich . . . fort, den Meinigen nach = . . . *I was impelled to follow my people.*

73. — 3. Lott' is bod (cf. the consonants of *dead*) or, in literary German, Lott' ist tot is the beginning of a well-known ditty, several variants of which occur, one being:

> Lott' ist tot, Lott' ist tot,
> Jule liegt im Sterben,
> Rösel kommt, Rösel kommt,
> Will den Krempel erben.

— Kame'die, Low German.

5. waren, here = *became.*

14. Kura'schi, cf. **63**, 13, 14.

19. da'mit, refers to fest zusammenhalten and, possibly, to Kuraschi.

23. sollte . . . sein, *was meant to be.*

74. — 2. der is not necessary here; Wer alone = *He who.* — wird, cf. note to **23**, 5.

3. auch nicht, *not . . . either* or *nor* (*do I*, etc.).

5. der alte = *the same man.*

11. wurden, *Works* waren, which would also be possible in view of our author's usage.

12. dazu, cf. note to **36**, 20.

20. in, more usual auf.

22. Haus und Garten, conveniently without an article, cf. **9**, 14 and note, **13**, 17, **15**, 5, **28**, 2 and **60**, 23, 24. — bei uns, that is, "at our property," but say: *our house and garden* for Haus und Garten bei uns.

23. mochte, *cared to*, cf. note to **20**, 12, 13.

24, 25. die eine und die andere Puppe = *here and there a puppet.*

27. Und, the comma after Und is only to be explained as indicating a pause (*Works* have it).

75. — 11–13. Cf. **58**, 14, 15.

19, 20. **als wiſſe er mit ſich ſelber nicht wohin,** *as if he did not know whither he should place himself* (or *what to do with himself*). — **wohin mit ſich ſelber** (this is the logical connection) may be explained by phrases such as **hinaus mit dir, weg (fort) mit dir.**   .

23. **gepflegten,** cf. note to **5**, 13.

76. — 1, 2. **er war** etc., this would have been just as correct in regard to Storm's own parents, and, in fact, Storm himself, if he portrayed here **Probſt Febberſen** whom he frequently mentions in his letters. — It is perhaps useless to speak in detail about some doubts that rise in the reader's mind in regard to religious things; but cf. line 3 with **65**, 28, **66**, 1, 2.

8. **die wir,** cf. note to **7**, 21.

13. **Erben,** cf. note to **30**, 9.

27. **ſie** refers to **den Blumen.**

77. — 5. **als ſolle er,** cf. note to **32**, 25.

6. **ausgeſpielt,** supply **worden ſeien.**

18, 19. **Es hat . . . ſein ſollen,** cf. note on **73**, 23. Note the tense!

22, 23. Cf. **67**, 2, 3.

25, 26. **manches Gott** (dat.!) **und den Menſchen wohlge-fällige Wort,** cf. note to **1**, 15, 16.

28. **waret.** In keeping with his calling and especially with the solemnity of the occasion, the clergyman uses expressions and forms different from every-day talk.

78. — 1. **ſeinem Meiſter,** Tendler, who is called the **Meiſter** of **das kleine Werk,** Kasperle, cf. **72**, 14.

2, 3. Biblical quotation from Revelation (**Offenbarung Johannis**) xiv, 13: **Selig ſind die Toten, die in dem Herrn ſterben,** . . . **ſie ruhen von ihrer Arbeit: denn ihre Werke folgen ihnen nach.**

12, 13. **werde ich . . . erinnert,** note the tense in connection with **noch jetzt.** — **Jahr um Jahr,** most likely equivalent of the more usual **ein Jahr ums andere,** *every other year.*

16, 17. **auf ihre Anſprache,** *on their call,* which was (and partly is) done by saying certain well-defined words (𝖽𝖺𝗌 𝔥𝖺𝗇𝖽𝗐𝖾𝗋𝗄 𝖺𝗇𝗌𝗉𝗋𝖾𝖼𝗁𝖾𝗇 or 𝗀𝗋ü𝖻𝖾𝗇) by which the journeyman proved that he followed the same trade as the master on whom he called; *every* journeyman called on the masters of his trade for either work (cf. note to **3**, 7, 8) or the small sum established by custom; every master had ònce done the same thing, which was not beggary. But the Schmidt boy never called for work.

18. 𝔄𝗎𝖼𝗁 m e i n e m. Note the emphasis laid on mèinem by the preceding word.

24, 25. 𝔚𝖺𝗌 . . . 𝖿ü𝗋 𝖾𝗂𝗇 𝗅𝖺𝗇𝗀𝖾𝗌, *What a long (yarn)*, cf. note to **12**, 17.

79. — 1. 𝖺𝗅𝗍 𝔐𝖾𝗂𝗌𝗍𝖾𝗋𝗂𝗇, cf. **49**, 1 ff.

8. 𝗄𝖺𝗇𝗇𝗌𝗍 𝖿𝗂𝗇𝖽𝖾𝗇, cf. note on **15**, 16.

VOCABULARY

EXPLANATORY

Forms included in the VOCABULARY:

NOUNS. The gender, nominative singular, genitive singular (except of feminines) and the nominative plural are given.

VERBS. The principal parts of the simple irregular verbs, together with the indicative present, third present singular, when its vowel differs from that of the present infinitive, are indicated by the *ablaut*-vowels, or are given in full. The principal parts of compound verbs are to be found under the simple forms of the verbs unless especially given. Separable prefixes have been marked thus: '; but the same mark is used to indicate accentuation wherever it seemed desirable in other classes of words.

ABBREVIATIONS

acc.	accusative	*m.*	masculine
adv.	adverb	*n.*	neuter
comp.	comparative	*npr.*	proper name
conj.	conjunction	*obj.*	objective
dat.	dative	*pl.*	plural
dial.	dialect	*p.p.*	past participle
f.	feminine	*prep.*	preposition
gen.	genitive	*reg.*	regular
intr.	intransitive	*sup.*	superlative

The words of the Bavarian-Austrian dialect are, as a rule, not given in the VOCABULARY. Their "High-German" equivalents are given at the foot of the page on which the dialect words occur.

VOCABULARY

A

aa (*pronounce* ā; *dial.*)=auď.

ab, off, down; *see* auf.

ab'betteln, obtain by begging (*dat.*, from); beg (*dat.*, from).

ab'biegen, bend sideways.

ab'brechen, break off, take down.

Abend, *m.*, –ß, –e, evening; heute abend, to-night; *see* abends.

Abendbrot, *n.*, –(e)ß, –e, supper.

Abendpfeife, *f.*, –n, evening pipe.

Abenbrot, *n.*, –(e)ß, evening glow, sunset light.

abends, of an evening, in the evening.

aber, but, however.

abermals, again, once more.

ab'geben, furnish, make.

ab'handeln, discuss; ein langes —, spin a long yarn.

ab'klappen, flap downward.

Abkunft, *f.*, descent; seiner — nach, by descent.

ab'lassen, desist.

ab'leben, live through, live out, pass.

ab'legen, deposit; *see* Leumundßzeugniß.

ab'machen, settle.

ab'nehmen, take off; take (*dat.*, from); pick, gather.

Abneigung, *f.*, –en, aversion, antipathy.

Abreise, *f.*, departure.

ab'rufen, call (the hours).

Abschied, *m.*, –(e)ß, –e, leave, farewell; parting; von einem — nehmen, bid farewell to one.

Abschiednehmen, *n.*, –ß, leave-taking.

ab'schließen, lock.

ab'spielen, play . . . one after another, reel off.

ab'stehen, stand off, stand out.

ab'werfen, yield.

Abzug, *m.*, –(e)ß, –e, departure.

ach, ah, oh, alas.

acht, eight; — Tage, *see* Notes 65, 7.

abe', adieu.

ahnen, have a presentiment of, surmise; mir ahnt Unheil, I have a foreboding of evil, my mind misgives me.

Ähnlichkeit, *f.*, –en, resemblance (mit, to).

Ahnung, *f.*, –en, foreboding, misgiving.

Al'gebräauf'gabe, *f.*, –n, arithmetical problem.

Al'gebra-Exem'pel (*pronounce* ҳ=ҡ3), *n*., –3, –, arithmetical problem.

all, all; —e3, everything, all (persons), everybody; —e3 was, all that.

allein', alone; (*conj.*), but; nicht —, sondern, not only, but.

allemal, every time.

allerdings', to be sure, of course.

allerlei', all kinds of (*literally*, of all sort).

allerliebst', delightful, charming.

Allerwelts'kerl, *m*., –(e)3, –e, capital fellow.

alleweil, always.

allfort', *dial.*=immerfort.

allfurt', *dial.*=hinfort.

allmäh'lich, gradual.

als, as, when; (*after comparatives*) than; — ob, - wenn, as if; — *with inverted word-order*, as if, *see* Notes **32**, 25.

also, then, thus, so.

alt, old; former; der —e, the same man; der Alte, the old man; die Alte, the old woman; Euer Alter, your old friend.

Altenteil, *n*., –(e)3, –e, *see* Notes **65**, 21.

am=an dem.

an (*with dat.*), on, at, by, along, in, over, from; (*with acc.*) on, to, towards; up to, against.

an'bieten, offer.

Anblick, *m*., –(e)3, sight.

an'blicken, look at.

an'bringen, place, fix.

Andacht, *f*., –en, devotion(s), prayer(s).

Andenken, *n*., –3, –, keepsake.

ander, other, different; following, next.

andererseits, on the other hand.

anders, otherwise, differently.

aneinan'der, to each other.

aneinan'derschmiegen, sich, nestle to each other.

Anerbieten, *n*., –3, –, offer.

an'erkennen, acknowledge.

Anfang, *m*., –(e)3, –e, beginning.

an'fangen, i, a, ä, begin.

anfänglich, at first.

an'fertigen, prepare, get up.

Anflug, *m*., –(e)3, –e, tinge.

angeboren, innate (*dat.*, in).

an'gehen, einen um etwas, approach one for something.

angenehm, agreeable.

Angesicht, *n*., –(e)3, –er, countenance, face.

angetan (*p. p. of* antun), dressed.

an'halten, hold to work, bring up.

an'kommen, arrive; — auf, depend on.

Ankömmling, *m*., –3, –e, newcomer, stranger.

an'langen, arrive.

an'lehnen, leave ajar.

Anliegen, *n*., –3, –, request.

an'malen, paint, color.

Anmut, *f.*, charm, grace.
Annahme, *f.*, –n, hiring.
an'pflocken (*usually* anpflöcken), fasten to a peg *or* pegs, tether.-
an'reden, address.
an'richten, cause.
ans =an das.
an'schauen, look at.
an'sehen, look at; look on with toleration, suffer, let pass.
an'setzen, appoint.
Anspielung, *f.*, –en, allusion.
Ansprache, *f.*, –en, *see* Notes 78, 16, 17.
Anspruch, *m.*, –(e)s, ⁓e, claim (auf, to).
an'steigen, ascend.
an'stieren, stare fixedly at.
Anstoß, *m.*, –es, ⁓e, stumbling, stammering, hesitation.
an'stoßen, strike (an, against).
an'strengen, exert, strain.
Anstrengung, *f.*, –en, effort, exertion.
Antlitz, *n.*, –es, –e, countenance.
antun, *see* angetan.
Antwort, *f.*, –en, answer; auf etwas — geben, respond to something.
antworten (*accent on first syllable*), answer.
an'vertrauen, confide, trust.
anwesend, present.
Anzeige, *f.*, –n, advertisement.
an'ziehen, put (*dat.*) on; draw; check; *intr.*, begin to pull, start.

An'ziehungskraft, *f.*, ⁓e, attraction.
Anzug, *m.*, –(e)s, ⁓e, dress.
Arbeit, *f.*, –en, work, labor, task; in — stehen, work (bei, for), be employed (bei, by).
arbeiten (*accent on first syllable*), work.
arg, bad.
arm, poor; der Arme, the poor man.
Arm, *m.*, –(e)s, –e, arm.
Ärmchen, *n.*, –s, –, little arm.
Armenhaus, *n.*, –es, ⁓er, poorhouse.
Art, *f.*, –en, kind; manner, nature.
Arzt, *m.*, –(e)s, ⁓e, physician.
Atemzug, *m.*, –(e)s, ⁓e, breath; *pl.*, respiration.
atmen, breathe.
auch, also, too; even; indeed; the fact is; again, may be; — nicht, not . . . either; — schon, in itself; was . . . —, whatever.
auf, (*dat.*) upon, on, at, in; (*acc.*) upon, on, towards, to, into; at; for; — das . . ., in the . . . manner; — und ab, up and down, to and fro.
auf'bieten, summon, exert.
auf'blicken, look up.
auf'braten, roast again; das Aufgebratene, the roastmeat.
auf'erstehen, rise up.
Auferstehung, *f.*, resurrection.
auf'finden, find out, discover.
auf'führen, perform, act, produce.

Aufführung, *f.*, –en, performance.

auf'halten, fich, stay.

auf'henken, suspend (an, from).

auf'klappen, flap upward; auf= und abklappen, flap upward and downward.

auf'klären, clear up.

auf'lachen, laugh out.

auf'leuchten, flash up (zu, before).

auf'machen, open.

aufrecht, erect; — halten, maintain, keep up.

auf'reißen, open wide.

auf'richten, fich, rise.

aufs=auf das.

auf'schlagen, open.

auf'schließen, unlock.

auf'sehen, look up.

auf'springen, jump up.

auf'stehen, rise, get up.

auf'steigen, mount.

auf'stoßen, push open.

auf'tragen, put on the table, serve.

auf'treten, make one's appearance, enter.

auf'tun, open.

auf'wachsen, grow up.

auf'weden, arouse, awaken.

auf'wenden, bestow.

auf'werfen, throw up, cast up, raise.

auf'wiegen, o, o, outweigh, counterbalance.

Aufzug, *m.*, –(e)s, ̈e, act.

Auge, *n.*, –s, –n, eye; eyehole.

Augenblick, *m.*, –(e)s, –e, moment; im —, in a moment; nur auf einen —, for a single moment.

augenblicklich, instantly.

Augenbraue, *f.*, –n, eyebrow.

augenscheinlich, apparent.

Augenwimper, *f.*, –n, eyelash.

Augenzwinkern, *n.*, –s, wink.

Auktion' (ti=zi), *f.*, –en, auction, public sale; auf eine öffentliche — geben, put up at a public sale.

aus, out of, from, of; from under; von . . . —, from; (*adv.*) over.

aus'bessern, mend.

Ausblick, *m.*, –(e)s, –e, view.

aus'bliden, look out (nach, for).

aus'brechen, burst out.

aus'breiten, spread.

aus'brennen, burn out, dry up.

aus'dehnen, extend (auf, to).

Ausdruck, *m.*, –(e)s, ̈e, expression.

ausdrücklich, express.

ausdrucksvoll, expressive.

auseinan'derfalten, unfold.

auseinan'dersetzen, explain.

aus'fragen; einen nach jemand —, inquire eagerly of one about somebody, ask one all about somebody.

Ausgang, *m.*, –(e)s, ̈e, exit.

aus'halten, stay; endure.

aus'hungern, starve.

aus'kosten, taste fully, enjoy (to the end).

Auskunft, *f.*, ̈e, information.

aus'lassen (*dial. use*), let go.

aus'malen, sich (*dat.*), imagine.

aus'prägen, mark, stamp, imprint; finster ausgeprägt, of a somber cast.

aus'putzen, put out.

aus'reden, einem etwas, talk one out of something, dissuade one from something.'

Ausrufer, *m.*, –s, –, town-crier.

aus'schauen, look, appear.

aus'schneiden, carve.

Ausschnitzen, *n.*, –s, carving.

aus'sehen, look, appear.

außen, outside, without.

außer, besides, in addition to; except; noch —, also at other times than.

aus'spielen, play to the end.

aus'sprechen, sich, express one's opinion.

aus'sterben, become extinct, become gravelike; wie ausgestorben, as silent as the grave.

aus'stoßen, utter.

aus'strecken, stretch out, extend; sich —, be stretched out.

aus'wischen, wipe off.

B

Backe, *f.*, –n, cheek.

bald, soon; — . . ., — . . ., now . . ., then . . .

Balken, *m.*, –s, –, beam, rafter.

Balkendecke, *f.*, –n, raftered ceiling.

Band, 1. *m.*, –(e)s, ⁔e, volume; 2. *n.*, –(e)s, ⁔er, ribbon.

Bank, *f.*, ⁔e, bench, seat.

Bänkchen, *n.*, –s, –, little bench, little seat.

barsch, brusque.

Bart, *m.*, –(e)s, ⁔e, beard.

Base, *f.*, –n, aunt.

baß, *see* Notes 27, 1.

Bau, *m.*, –(e)s, –e, construction.

bauen, build; sich in die Höhe —, rise, mount, be raised.

Bauerbursche, *m.*, –n, –n, peasant lad.

baufällig, dilapidated.

Baum, *m.*, –(e)s, ⁔e, tree.

baumeln, dangle.

baumlos, treeless.

beabsichtigen (*accent on second syllable*), intend.

Beam'tenfaust, *f.*, ⁔e, fist of an official.

beantworten (*accent on second syllable*), answer.

beben, shake, tremble (vor, with).

Becken, *n.*, –s, –, basin.

bedecken, cover.

bedenken, sich, consider.

bedeuten, signify, mean; zu — haben, mean.

Bedingung, *f.*, –en, condition.

bedürftig, in need (*gen.*, of).

Beet, *n.*, –(e)s, –e, flower bed.

befallen, come over, attack, seize.

befehlen, a, o, ie, command.

befinden, sich, be.

befindlich, being.

begeben, fich, betake oneself, go.

begehrlich, covetous.

beginnen, a, o, begin; do.

begleiten, accompany, conduct.

Begräbnis, n., -nisses, -nisse, burial.

begreifen, comprehend, understand.

begründen, establish, lay the foundation of.

begrüßen, greet, welcome.

behagen, suit, please, be a comfort.

behaglich, comfortable.

behüten, guard, protect; see Notes 19, 21, 22.

bei, at, on, with, among, during, in, to, by, in spite of.

bei'bringen, impart.

Beichte, f., -n, confession.

beichten, confess.

beide, both, the two; die —en, both the, the two.

beiderseits, on both sides; wir —, both of us.

beifällig, approving.

Beifallklatschen, n., -s, applauding.

Beigeschmack, m., -(e)s, flavor.

bei'legen, impose (einem, upon one).

beim=bei dem.

Bein, n., -(e)s, -e, leg; einen wieder auf die —e bringen, set one on his feet again, set one up again, restore one.

Beiname, m., -ns, -n, nickname.

Beispiel, n., -(e)s, -e, example.

bekannt, well known; ein Bekannter, an acquaintance.

Bekanntschaft, f., -en, acquaintance.

bekehren, convert.

beklagen, fich, complain.

beklecksen, daub.

beklommen, anxious, uneasy.

bekommen, get, obtain, have, take on.

beladen, load, lade.

beleuchten, light up.

belieben, please; was mir beliebt, what pleases me, what I please.

bemächtigen, fich, take possession (gen., of), take hold (gen., of).

bemerken, notice, remark.

bemerklich, noticeable.

bemühen, fich, exert oneself (um, for).

Bemühung, f., -en, exertion (um, for, or to obtain).

Berchtesgā'den, npr. n., -s, see Notes 39, 17.

bereiten, prepare, cause.

bereit'stellen, place in readiness.

Berg, m., -(e), -e, mountain, hill.

Bergamot'te, f., -n, bergamot (a delicious variety of pear).

Bericht, m., -(e)s, -e, report.

berufen, fich, refer (auf, to).

beruhigen, calm.

berühmt, famous.

berühren, touch.

beſchäftigen, occupy, busy; ſich —, occupy one's time.

Beſchäftigung, *f.,* –en, occupation, pursuit.

Beſcheid, *m.,* –(e)s, –e, information.

beſcheiden, modest, frugal.

Beſchē'rung, *f.,* –en, *see* Notes 25, 27.

Beſchlag, *m.,* –(e)s, ⸚e, seizure; in — nehmen, take possession of.

Beſchleunigung, *f.,* despatch.

beſehen, ſich (*dat.*) etwas, view something.

beſetzen, occupy, take.

beſinnen, ſich, consider, reflect; recollect.

beſitzen, possess, have.

beſonder, peculiar.

beſorgen, provide, furnish; attend to.

Beſorgnis, *f.,* –niſſe, apprehension; in —, alarmed, fearing.

beſſer, better.

beſſern, mend.

beſt, best; das Beſte, the best thing; zum —en geben, display.

beſtanden, stocked (with trees), covered.

beſtätigen, confirm, prove.

Beſtattungsfeierlichkeit, *f.,* –en, funeral ceremony.

beſtehen, consist (aus, of); *see also* beſtanden.

beſtimmen, destine.

beten, pray.

beteuern, affirm, protest.

betrachten, view.

betreff, in, in regard (*gen.,* to).

betreten, set foot on.

Bett, *n.,* –(e)s, –en, bed.

Bettelherberge, *f.,* –n, beggars' haunt, inn of beggars.

Bettelvogt, *m.,* –(e)s, ⸚e, beadle; *see* Notes 9, 16.

Bettſtück, *n.,* –(e)s, –e, piece of bedding; *pl.,* bedclothes.

Beutel, *m.,* –s, –, bag, pouch.

bevor, before.

bewahren, protect (vor, from), guard (vor, against).

bewegen (ſich), move.

beweglich, movable.

Bewegung, *f.,* –en, movement, motion.

Bewerbung, *f.,* –en, application, applying (um, for).

bewohnen, inhabit.

Bewunderung, *f.,* admiration.

Bewußtſein, *n.,* –s, consciousness.

bezeichnen, point out.

Beziehung, *f.,* –en, regard, respect; relation, connection (zu, with).

Biegung, *f.,* –en, bend.

Bierſtimme, *f.,* –n, husky (*or* hoarse) tippler's voice, "beery voice."

bieten, o, o, offer (zum, for a, as a).

bilden, form.

bimmeln, tinkle.

binden, a, u, bind, tie (an, to).

Birne, *f.,* –n, pear.

bis, until, till; — an (in), to,

as far as; — auf, (down) to; — zu, until.

bißchen, little bit; fein —, not a bit.

Bitte, f., –n, request, entreaty.

bitten, bat, gebeten, request, beg, ask; für einen —, intercede for one.

Bitten, n., –s, pleading, entreaties.

bitter, bitter.

bitterlich, bitterly; sorely.

blank, bright, polished.

blaß, pale.

Blatt, n., –(e)s, ⸚er, leaf.

blau, blue.

Blech'lampet'te, f., –n, tin candlestick.

Blei, n., –(e)s, lead; in — gefaßt, leaded.

bleiben, ie, ie, remain; stehen —, stop; *see also* Notes 60, 26.

bleich, faint.

Blick, m., –(e)s, –e, glance, look (auf, at).

blicken, look.

blinken, glitter.

blitzwenig, deucedly little, next to nothing.

blond, blonde, fair.

bloß, only.

blühen, bloom.

Blume, f., –n, flower.

Blut, n., –(e)s, blood.

blutig, bloody.

Blutsfreund, m., –(e)s, –e, blood relation, kinsman.

Boden, m., –s, – and ⸚, ground; floor; loft, garret; zu —, down.

Bodenluke, f., –n, garret window.

Bodenraum, m., –(e)s, ⸚e, garret.

böse, mean, wicked; nichts Böses meinen, mean no harm.

Brauch, m., –(e)s, ⸚e, custom.

brauchen, need; (=gebrauchen), use.

braun, brown; of a dark complexion, brunette; bay; der Braune, the bay horse.

Bräunchen, n., –s, –, little bay horse.

Brautwerber, m., –s, –, wooer (by proxy).

brav, good, excellent.

brechen, a, o, i, break; wie gebrochen, as if brokenhearted, crushed.

Brei, m., –(e)s, –e, pap, mush.

breit, broad, wide; heavy, large-faced.

brennen, brannte, gebrannt, burn; —d, lighted.

Brennrot, n., –s, fiery red color.

Brett, n., –(e)s, –er, board.

Brettchen, n., –s, –, small board.

Bretterdecke, f., –n, board ceiling.

Brettergerüst, n., –(e)s, –e, board scaffolding.

Brief, m., –(e)s, –e, letter.

bringen, brachte, gebracht, bring; in die Gefahr —, expose to the danger; zum Schweigen —, silence.

Bruder, m., –s, ⸚, brother.

Brüderchen, *n.*, −s, −, (dear) little brother.

Brüderlein, *n.*, −s, −, (dear) little brother.

Brudersohn, *m.*, −(e)s, ⁻e, nephew.

Brudersöhnchen, *n.*, −s, −, little nephew.

Brummbaß, *m.*, −sses, ⁻sse, double-bass.

brummen, grumble.

Brust, *f.*, ⁻e, breast, chest.

Brustleiden, *n.*, −s, −, chest complaint.

Brüstung, *f.*, −en, railing.

Bübchen, *n.*, −s, −, little lad.

Bube, *m.*, −n, −n, boy, lad; see Notes 6, 7.

Buch, *n.*, −(e)s, ⁻er, book.

Büchse (*pronounce* ch=k), *f.*, −n, rifle.

Buchstabe, *m.*, −n, −n, letter.

Buckel, *m.*, −s, −, hump, back.

bücken, sich, stoop down.

Bühne, *f.*, −n, stage, scene.

Bühnenraum, *m.*, −(e)s, ⁻e, stage.

bunt, gaudy.

Burg, *f.*, −en, castle.

Bürger, *m.*, −s, −, citizen, middle-class man, freeman.

Bürgerhaus, *n.*, −es, ⁻er, home of the (lower) middle classes.

Bürgersteig, *m.*, −(e)s, −e, sidewalk, promenade.

Burghof, *m.*, −(e)s, ⁻e, castle court.

Bursche, *m.*, −n, −n, fellow.

Buße, *f.*, −n, penance.

C

Charak'ter (*pronounce* ch=k), *m.*, −s, Charakte're, character, characteristics, type.

Coura'ge, *f.*, see Notes 63, 13, 14.

D

da, there, here; then, in such a case; as, since, when.

dabei, at it, with it, in so doing, at the same time, on such occasions; withal; among them; — sein, be present, be in it, take part, help; — sein, etwas zu tun, be engaged in doing something.

Dach, *n.*, −(e)s, ⁻er, roof, canopy.

dadurch, through it, thereby.

dagegen, in return, on the other hand.

dagewesen (*p. p. of* dasein); nie —, unprecedented.

daheim', at home; bei dir —, in your home-town.

daher, therefore.

dahin, thither, there; to that, at that.

dahin'ziehen, move along, proceed.

damals, at that time.

damit, therewith, with it, with that, with them; by it; at these words; (*conj.*) in order that.

dämmerig, dusky.

dampfen, steam.

danach, after it (them), for it (them); after that, afterwards.

daneben, by the side, near by; dicht —, close by.

Dank, *m.*, -(e)s, thanks; ſchö= nen —, many thanks.

Dankbarkeit, *f.*, gratitude.

danken, thank.

Dankesverſicherung, *f.*, -en, expression of thanks.

dann, then, in that case; — und wann, now and then.

daran, of it, of that; in it, in them.

darauf, upon it, to it, for it; thereupon, afterward; bald —, kurz —, a little while afterward; gleich —, immediately afterward.

darauf'ſetzen, *see* Trumpf.

daraus, out of it, from it, of it.

darin, in it.

darüber, over it.

darunter, beneath it.

daſein, be there, be here.

daß, that, so that.

dauern, last, continue.

Daumen, *m.*, -s, -, thumb.

davon, of it; by it.

davon'fahren, ride away.

davon'laufen, run away.

davor, before it; of it.

dazu, to it, to this, at it, at this, for it; to that end; in addition; as an accompaniment.

dazwiſchen, in the midst of it; in the meantime; — liegen, have intervened.

dazwi'ſchenrufen, throw in.

Decke, *f.*, -n, wrap, blanket.

Deckenwölbung, *f.*, -en, vault of the ceiling, vaulted ceiling.

dehnen, stretch; *see* gedehnt.

dein, your.

demütigen (*accent on first syllable*), humble.

denken, dachte, gedacht, think (an, of); ſich (*dat.*) —, imagine; ſich (*dat.*) etwas leicht —, imagine something to be easy; —d, thoughtful, intelligent.

denn, for; then; say; pray; — doch, indeed, after all.

dennoch, nevertheless.

deputieren, depute, delegate; deputierter Bürger, delegate (of a town to the estates of a country).

der, die, das, the; that, that one, he (she, it); who, which.

dergleichen, of such kind, such like.

derlei, of that kind, that kind of.

der'mal, at that time, then.

derſelbe, dieſelbe, dasſelbe, the same, it.

derweil', meanwhile.

der'zeit, at that time, in those days.

deshalb, on that account, for that reason.

deſſenun'geachtet, in spite of that.

deutlich, distinct, clear.

Deutſchland, *n.*, –s, Germany.

Dialekt', *m.*, –(e)s, –e, dialect.

dicht, close, well protected.

dick, thick, stout, fat.

Dieb, *m.*, –(e)s, –e, thief.

dienen, serve (bei, in).

Diener, *m.*, –s, –, servant; reverence, bow.

Dienſt, *m.*, –(e)s, –e, service; ſich bei einem zum —e melden, apply to one for a position.

dieſer, this (one), the latter.

diesmāl, this time; für —, this time.

Ding, *n.*, –(e)s, –e (*and* –er, *see* Notes **17,** 11), thing, matter; creature.

Dirnchen, *n.*, –s, –, little maid.

Dirne, *f.*, –n, girl.

Diskant'tōn, *m.*, –(e)s, –e, soprano tone.

doch, yet, however, still, after all, anyway, I hope; (*with inversion*) surely, indeed; (*with imperative*) pray, do, please; denn —, after all, indeed; nicht(s) —, certainly not, don't!

Doktor, *m.*, –s, Doktō'ren, doctor, Dr.

donnern, thunder.

Donnerſtimme, *f.*, –n, thundering voice.

Doppeltſchilling, *m.*, –s, –e, two-schilling-piece (*about four cents*), twopence.

Doppeltſchillingplaß, *m.*, –es, –e, two-schilling-section, two-penny-section.

Dorf, *n.*, –(e)s, –er, village.

dort, there, yonder.

dorthin, thither, there.

Draht, *m.*, –(e)s, –e, wire.

Drahtſeil, *n.*, –(e)s, –e, wire rope.

drängen, ſich, push oneself, press, crowd.

drauf'gehen, be spent; — laſ= ſen, spend.

draußen, outside; from without; — vor unſerer Stadt, outside the gate of our town.

drechſeln (*pronounce* ch=k), turn (on a lathe).

Drechſeln (*pronounce* ch=k), *n.*, –s, turning (on a lathe).

drehen, turn.

Drehung, *f.*, –en, turn.

drei, three.

dreijährig, continuing three years, three years'.

dreimāl, three times, thrice.

drin, therein, in that, in it, inside.

dringen, a, u, press, penetrate.

drinnen, in there, within, inside.

drittenmāl, zum, for the third time.

droben, above, up there; da —, there.

drohen, threaten.

drüben, over there, (in the house) across the street, on the other side; — von . . . her, from across . . .

drucken, print; gedruckt ſtehen be printed.

drücken, press.

drum (=darum), for that reason.

drunten, down there, below.

du, thou, you; say!

ducken, ſich, stoop.

Duft, m., –(e)s, ‑e, scent, odor, perfume.

Duka'ten, m., –s, –, ducat (*a gold coin of the value of about 2 dollars and 30 cents, no longer coined*).

dulden, endure, tolerate.

dumm, silly, foolish.

dumm=pfiffig, stupidly crafty.

dumpf, hollow.

dunkel, dark, gloomy.

Dunkel, n., –s, darkness.

Dunkelheit, f., –en, darkness.

dunkeln, increase the darkness.

dünn, thin.

Dunſt, m., –(e)s, ‑e, vapor, haze.

durch, through, by.

durcheinan'der, in confusion, promiscuously.

durcheinan'derregen, move pell-mell.

durch'kommen, get through, get along, get over it, succeed.

durch'machen, pass through.

durch'reiſen, travel through.

durchs = durch das.

durch'ſpielen, play through.

durchziehen, streak.

dürfen, burfte, gedurft, darf, be allowed; may; ich darf, *see* Notes **17**, 10.

E

eben, just, immediately, just then; but then, you know; nicht —, not exactly; — noch, just then, that very moment; barely.

ebenfalls, likewise.

ebenſo, in like manner.

Ecke, f., –n, corner.

eckig, angular.

ehe, before; — denn, before.

Ehe, f., –n, marriage, married life.

Eheglück, n., –(e)s, matrimonial happiness.

Eheleute, pl., (married) couple, (married) people.

Ehepaar, n., –(e)s, ‑e, (married) couple.

Ehre, f., –n, honor.

Ehrenkette, f., –n, chain of honor.

ehrlich, honest.

ei, why, indeed; — du, oh say! — was, nonsense!

eichen, oaken.

eiferſüchtig, jealous.

eifrig, eager.

eigen, own.

eigentlich, real; properly speaking, to tell the truth.

eilfertig, eager.

eilig, hasty.

ein, a, an; one; some, any; der (die, das) ‑e, (the) one.

ein'biegen, o, o, turn (in, into).

ein'brechen, come on; bei —der Dunkelheit, at nightfall.

ein'bringen, bring in, commit (to prison); yield.

ein'dringen, press upon (auf, *obj. case*), penetrate.

einfach, plain, simple.

ein'fallen, occur.

Eingang, *m.,* –(e)s, ⁻e, entrance.

ein'gehen, accede (auf, to), accept (auf, *obj. case*).

ein'handeln, purchase.

ein'hüllen, wrap up.

einig, some.

einig, peaceful, in concord, agreed; — sein, agree (über, as to).

ein'kehren, put up.

ein'laden, lud ein (*also* ladete ein), eingeladen, lädt ein (*also* ladet ein), invite.

ein'lassen, let in, admit.

Einlaßkarte, *f.,* –n, admission ticket.

ein'lernen, einem etwas, make one learn something, hammer something into one; *see* Notes **54,** 19, 20.

ein'leuchten, be clear, be evident; appeal.

einmal', once (upon a time); once in a while, occasionally; (*with imperative*) just; nicht —, not even; ein'mal, one time, once; auf —, all at once, all at the same time; — übers andere, *see* Notes **36,** 24.

ein'nehmen, occupy, take (up), fill.

ein'räumen, assign.

ein'reißen (*auxiliary* sein), spread, gain ground.

ein'richten, contrive, establish, arrange.

Einsamkeit, *f.,* loneliness.

ein'schlafen, fall asleep.

ein'schließen, lock in.

Einsicht, *f.,* –en, insight.

ein'sperren, lock up.

einst, once, some time, some (future) day.

Eintreffen, *n.,* –s, arrival.

ein'treten, enter.

Eintritt, *m.,* –(e)s, entering, entrance.

Eintrittsgeld, *n.,* –(e)s, –er, charge for admission, admission fee.

einverstanden, agreed, well-pleased.

ein'weihen, initiate.

einzeln, single, solitary.

ein'ziehen, move in, enter.

einzig, single, only; das —e, the only thing.

Eisendraht, *m.,* –(e)s, ⁻e, iron wire.

Eis'gardi'ne, *f.,* curtain of ice.

Eisstück, *n.,* –(e)s, –e, piece of ice.

elend, miserable.

elendiglich, wretchedly.

elf, eleven.

Ellenkrämer, *m.,* –s, –, dry-goods merchant.

ellenlang, one yard high.

Ellenwarenhandlung, *f.,* –en, dry-goods store.

elterlich, parental; mein —es Haus, my parents' house.

Eltern, *pl.*, parents.
empfangen, i, a, ä, receive, welcome.
empor'steigen, climb up, rise.
emsig, busy.
Endchen, *n.*, –s, –, remnant; *pl.*, odds and ends.
Ende, *n.*, –s, –n, end; am —, in the end, possibly; zu —, at an end; es geht mit etwas zu —, something draws near the end; mit etwas zu — sein, have finished something.
endlich, finally, at last.
Engel, *m.*, –s, –, angel.
Entfernung, *f.*, –en, distance.
entge'gendrängen, einem, press towards one.
entge'gengesetzt, opposite.
entge'genkommen, einem, come towards one, advance to meet one, meet one.
entge'genrufen, einem, meet one exclaiming.
entge'genschlagen, einem, float towards one.
entge'gensehen, einem, look towards one.
entge'gensetzen, set over against, oppose; entgegengesetzt, opposite.
entge'gentreten, einem, step to meet one, step towards one, advance towards one, meet one; face one.
entgleiten, slip (*dat.*, from).
entkommen, escape.
entlang, along; an . . . —, along.

entlang'führen, run along.
entlassen, release.
entraten, *see* Notes 27, 1.
entschwinden, vanish (*dat.*, from).
entstehen, arise.
entweder, either.
Entweihung, *f.*, –en, desecration.
entwerfen, design, make.
entwickeln, sich, develop.
Entwickelung, *f.*, –en, development.
entzücken, delight; —d, delightful.
Entzücken, *n.*, –s, delight.
er, he, it; Er, you.
erben, inherit.
erbitten, obtain by asking; sich etwas von einem —, ask one for something.
erblicken, behold, notice.
Erde, *f.* (*see* Notes 76, 13), –n, earth, ground, dust.
ereilen, overtake.
ererben, inherit.
erfahren, learn.
erfassen, seize.
erforderlich, necessary.
ergreifen, seize.
erhalten, obtain, receive, get; sich (*dat.*) etwas —, maintain something, continue something; einen Stoß —, be butted.
erheben, raise; sich —, rise.
erheitern, gladden.
erhöhen, raise, elevate; heighten, increase; erhöht stehen, stand higher than the rest.

erinnern, remind (an, of); draw attention ﬀ (an, to), mention (an, *obj. case*); ſich —, remember (an, *obj. case*).

Erinnerung, *f.,* —en, remembrance; bei dieſer —, at the memory of this.

erkennen, recognize; zu — geben, make ... known, manifest.

erklären, declare; einen für etwas —, pronounce one to be something.

erklettern, attain by climbing, climb.

erklingen, resound.

erlauben, allow.

Erlaubnis, *f.,* —niſſe, permission.

erlügen, o, o, fabricate; erlogen, false, a lie.

ernſt, earnest, stern; serious.

ernſthaft, serious, grave.

ernten, harvest, gather.

erquicken, refresh.

erreichen, reach.

errichten, establish.

erſchallen, resound.

erſcheinen, appear.

erſinnen, devise, invent.

erſparen, save.

erſt, first; das —e, the first thing; (*adv.*) first; at first; only, not until, *see* Notes 9, 12, 13; — wieder, once more.

ertönen, resound.

erwachen, awake.

erwägen, o, o, weigh, consider.

erwarten, expect.

erwecken, arouse, awaken.

erwerben, a, o, i, gain, obtain, win.

erwidern, reply.

erzählen, tell, relate.

Erzähler, *m.,* —s, —, narrator.

Erzählung, *f.,* —en, narration, narrative, story.

es, it, she; there; someone, something.

eſſen, aß, gegeſſen, ißt, eat.

etwa, about.

etwas, something, somewhat, a little.

euer (Euer), your.

Eule, *f.,* —n, owl.

ewig, eternal, endless.

Ewigkeit, *f.,* —en, eternity; in —, to all eternity.

exerzieren (*pronounce* x=ks), practice.

Exerzi'tium (*pronounce* x=ks and ti=zj), *n.,* —s, Exerzitien exercise, composition (made at home).

F

Fädchen, *n.,* —s, —, (delicate) thread.

fahren, u, a, ä, drive, ride, travel, pass; flash; —b, itinerant.

Fall, *m.,* —(e)s, ̈ e, case, emergency; auf alle Fälle, at all events.

fallen, fiel, a, ä, fall, drop, descend, sink; be directed (auf, to), hit (auf, *obj. case*); läſtig —, become burdensome; einem aufs Gewiſſen

—, come home to one's conscience.

falten, fold, clasp.

Falz, *m.*, -es, -e, groove.

Fami'lie (*pronounce* lie=lje), *f.*, -n, family.

Fämulus, *m.*, -, Famuli, famulus, amanuensis, assistant.

fangen, i, a, ä, imprison.

Farbe, *f.*, -n, color.

farbig, colored; —er Stift, crayon, pastel.

fassen, seize, take; set, frame; sich ein Herz —, take courage; zu einem Vertrauen —, place confidence in one.

fast, almost.

Faust, *npr.*, -es, *see* Notes 18, 9, 10.

Faust, *f.*, -e, fist.

fechten, o, o, i, fight; gesticulate.

Federhelm, *m.*, -(e)s, -e, helmet with feathers, plumed helmet; silberner —, silver helmet with a plume.

Federhut, *m.*, -(e)s, -e, hat with feathers.

Federmesser, *n.*, -s, -, penknife.

fehlen, be lacking; mir fehlt der Daumen, I lack the thumb; was fehlt dir? what ails you? what is the matter with you?

fehlerlos, correct.

Feier, *f.*, -n, celebration.

Feierabend, *m.*, -s, -e, time after work hours, time of rest; am —, after work hours, in the time of rest.

feierlich, solemn; festive, magnificent.

feiern, celebrate.

fein, fine, delicate, thin; high-pitched.

feingepinselt, finely outlined.

Feld, *n.*, -(e)s, -er, field.

Felleisen, *n.*, -s, -, wallet, knapsack.

Fenster, *n.*, -s, -, window.

Fensterbank, *f.*, -e, window-sill.

Fensterscheibe, *f.*, -n, window-pane.

fern, far, afar.

Ferne, *f.*, -n, distance.

fertig, ready, done; — kriegen, manage; — machen, get ready; — werden, get along.

Fertigkeit, *f.*, -en, skill.

fest, fast; firm; tight; constant, steady, permanent; deep.

fest'halten, hold fast.

fest'setzen, fix; festgesetzt, fixed, regular.

fest'stehen, be certain, be settled.

Fetzchen, *n.*, -s, -, shred, little piece, scrap.

Feuer, *n.*, -s, -, fire.

feuerfarben, fire-colored, flame-colored.

Feuerregen, *m.*, -s, rain of fire.

Feuerrot, *n.*, -s, fiery red color.

Fieber, *n.*, -s, -, fever.

fiedeln, fiddle, scrape on the fiddle.

Figur', *f.*, -en, figure.

finden, a, u, find.

Finger, m., –8, –, finger.

finster, somber, dark.

Fläche, f., –n, surface.

flattern, flutter.

Flechte, f., –n, tress, braid.

Fleck, m., –(e)8, –e, spot.

Fledermausflügel, m., –8, –, bat's wing.

Fleiß, m., –e8, application, diligence.

fliegen, o, o, fly, fly down, go, come.

flüchtig, hasty, cursory; — nach einem hinsehen, cast a hasty glance at one.

flüstern, whisper.

folgen, follow.

Foliant' (*pronounce* i=j), m., –en, –en, folio volume.

fordern, demand, require.

fort, away, off, gone.

fort'fahren, drive away, ride away; continue.

Fortgang, m., –(e)8, continuation.

fort'gehen, go away.

Fortgehen, n., –8, going away, leaving.

fort'jagen, eject.

fort'kommen, get away.

fort'laufen, run away.

fort'schlafen, continue to sleep.

fort'sein, be gone.

fort'setzen, continue.

fort'treiben, drive onward, drive away.

fort'wollen, intend to go, want to leave.

Frage, f., –n, question.

fragen, ask (nach, for).

Franse, f., –n, fringe.

französisch, French.

Frau, f., –en, woman, wife; Mrs.

Frauenrolle, f., –en, feminine rôle, feminine part.

Frauenzimmer, n., –8, –, woman, spinster; *see* Notes 69, 4.

frei, open; das Freie, the open air, the open space.

freilich, to be sure, certainly.

fremd, strange, a stranger.

Fremde, f., foreign land; in der —, on one's travels, traveling, away from home; *see* Notes 3, 7, 8.

Freude, f., –n, joy, satisfaction, (an, in).

Freudenstrahl, m., –(e)8, –en, ray of joy, beam of joy.

freuen, sich, rejoice, be happy.

Freund, m., –(e)8, –e, friend.

Freundin, f., –nen, (girl) friend.

freundlich, friendly, kind.

friedlich, peaceful.

frieren, o, o, freeze; be cold; mich friert, I am cold.

frisch, fresh, new; ruddy; latest.

Frist, f., –en, stipulated time.

fristen; sein elendes Leben —, gain a scanty living, eke out a bare existence.

fröhlich, cheerful, joyful, joyous.

früh, early, soon; —er, former.

Frühlingsblume, f., –n, spring flower.

Frühlingssonne, *f.*, sun of spring.

Frühstück, *n.*, –(e)s, –e, breakfast.

frühstücken, (*accent on first syllable*), breakfast.

frühzeitig, early, at an early time (hour).

fühlen (sich), feel.

führen, lead; bear; carry on; use; live; einer führt einen Beinamen, one has a nickname applied to him.

Fuhrwerk, *n.*, –(e)s, –e, vehicle.

füllen, fill; sich —, be filled.

fünf, five.

für, for; with; of; was — (ein), what (a).

Furcht, *f.*, fear; vor . . . — haben, be afraid of . . .

furchtbar, terrible.

fürchten, fear, dread.

füreinan'der, for each other.

Fürsorge, *f.*, care.

fürtreff'lich (*archaic*), superior.

Fuß, *m.*, –es, –e, foot; zu meinen –en, at my feet.

Fußboden, *m.*, –s, –, floor.

Fußtrampeln, *m.*, stamping of feet.

Fütterung, *f.*, –en, feeding.

G

Gabeldeichsel, *f.*, –n, (pair of) shafts.

Gabriel, *npr. m.*, –s, Gabriel.

gähnen, yawn.

Galerie' (ie=i), *f.*, –n, gallery.

Gang, *m.*, –(e)s, –e, passage.

ganz, whole, entire, all; quite; — hinten, clear back; das Ganze, the whole, the ensemble.

gänzlich, entirely.

gar, much; even, I hope(d); quite, very; — kein, no . . . at all; — manch, many and many a; — nichts, nothing at all; — so, so very; — zu gern, *see* Notes 20, 12, 13.

Gärtchen, *n.*, –s, –, little garden, little yard.

Garten, *m.*, –s, –, garden, yard.

Gartenpforte, *f.*, –n, garden gate.

Gäßchen, *n.*, –s, small (and narrow) street.

Gasse, *f.*, –n, (narrow) street.

Gassenjugend, *f.*, street urchins.

Gast, *m.*, –(e)s, –e, guest; zu —e bitten, invite (auf, to).

Gasthaus, *n.*, –es, –er, inn, tavern.

Gaudium, *n.*, –s, joy, fun.

Gaul, *m.*, –(e)s, –e, nag, horse.

gebären, a, o, ie; geboren werden, be born.

geben, a, e, i, give, furnish, make, impart; es gibt, there is, there are.

Gebimmel, *n.*, –s, tinkling.

gebrauchen, use, employ.

Geburt, *f.*, –en, birth; schon in der —, at the very birth.

Geburtstag, *m.*, –(e)s, –e, birthday.

Gedanke, *m.*, –ns, –n, thought, idea; keine —n an einen haben, not to be thinking of one.

gedehnt (*p. p. of* dehnen), drawlingly.

gedeihlich, beneficial, nutritive.

gedenken, intend; remember (*gen., obj. case*).

Geduld, *f.*, patience.

gedulden, sich, have patience.

geduldig, patient.

Gefahr, *f.*, –en, danger.

Gefährt, *n.*, –(e)s, –e, vehicle.

Gefalle, *m.*, –ns, –n, favor.

gefallen, please; ... gefällt mir nicht, I do not like the looks of ...

Gefälligkeit, *f.*, –en, favor.

gefangen, imprisoned; der Gefangene, the prisoner.

Gefangenanstalt, *f.*, –en, jail.

Gefangenhaus, *n.*, –es, –er, jail, prison.

Gefangenzelle, *f.*, –n, prison cell.

Gefängnis, *n.*, –nisses, –nisse, jail, prison; imprisonment.

Gefäng'nisinspek'tor, *m.*, –s, –inspekto'ren, overseer of a jail, turnkey.

geflügelt, winged; fleeting, cursory, quick.

Gefühl, *n.*, –(e)s, –e, feeling; love.

gegen, against, towards.

Gegend, *f.*, –en, region, landscape.

Gegenteil, *n.*, –(e)s, –e, contrary; im —, on the contrary.

gegenü'berliegen, lie opposite; —b, opposite.

Gegenwart, *f.*, presence.

geheimnisvoll, mysterious.

Geheiß, *n.*, –es, behest, order.

gehen, ging, gegangen, go, walk; come off, proceed, be; sound; auf ... gehen, open (*of windows, etc.*) on to ...; vor sich —, proceed, take place; es geht, it is possible; es geht einem gut, one is doing well; es geht mit etwas schön, something is a success.

Geheule, *n.*, –s, howling, crying.

Gehilfe, *m.*, –n, –n, assistant, helper.

gehören, belong; zu ... —, be part of, be among, belong to, be necessary to.

gehörnt, horned.

gehorsam, obedient.

Geißelbrecht, *npr.*, –s, *see* Notes 39, 21.

geistlich, spiritual; der Geistliche, clergyman.

Gelächter, *n.*, –s, laughter.

gelangen, attain.

gelb, yellow.

Geld, *n.*, –(e)s, –er, money.

Geldmittel, *pl.*, funds, resources.

gele'gen, opportune.

Gele'genheit, *f.*, –en, opportunity.

Gelehrsamkeit, *f.*, learning.

gelehrt, learned.

Gelehrtenſchule, *f.*, –n, Latin school.

Gelenk, *n.*, –(e)ß, –e, joint.

gelingen, a, u, prove successful, succeed; eß gelingt mir, I succeed (etwaß zu tun, in doing something).

gellen, sound loud and shrill; —b, shrill.

gelt, is it not so? do you not think so? *see* Notes **23**, 2, 3; **39**, 10.

gelungen (*p. p. of* gelingen), well done.

Gemach, *n.*, –(e)ß, ⁻er, apartment.

Gemahl, *m.*, –(e)ß, –e, consort, husband.

gemäß, in conformity (*dat.*, with).

Gemeinde, *f.*, –n, community, congregation.

Gemüt, *n.*, –(e)ß, –er, mind, heart, disposition.

genau, precise, accurate, distinct; ganz —, gar —, perfectly.

Genehmigung, *f.*, –en, permission.

geneſen, a, e, recover; der kaum Geneſene, the one who has hardly recovered, the patient of recent date.

Genové'vâ, *npr. f.*, –ß, Genevieve, *see* Notes **9**, 22, 23.

genug, enough.

genügen, satisfy (einem, one); —b, sufficient.

Geplauder, *n.*, –ß, chatting, chatter.

gerade, straight; direct; exactly, just, directly.

geradezu', directly, point-blank.

geraten, ie, a, ä, turn out; in etwaß —, get into something.

Geräuſch, *n.*, –eß, –e, noise.

gerecht, just, righteous.

Gerechtigkeit, *f.*, –en, *see* Notes **51**, 24.

Gericht, *n.*, –(e)ß, –e, court of justice.

gering, slight, little; nichts Geringeres, nothing less.

gern (*comp.* lieber, *sup.* am liebſten), gladly; — ſehen, like (to see), welcome; — gehen, like to go, *etc.*

Gerüſt, *n.*, –(e)ß, –e, scaffolding.

Gerüſtſtück, *n.*, –(e)ß, –e, piece of (the) scaffolding.

Geſang, *m.*, –(e)ß, ⁻e, song, singing, music, melodiousness.

Geſchäft, *n.*, –(e)ß, –e, business, affair.

geſchehen, a, e, ie, happen, be done; (daß) geſchieht mir recht, (that) serves me right.

geſcheit, smart, shrewd; *see* Notes **10**, 10, 11.

Geſchenk, *n.*, –(e)ß, –e, present, gift.

geſchicht = geſchieht.

Geſchichtchen, *n.*, –ß, –, (little) story.

Geſchichte, *f.*, –n, history, story.

geſchidt, clever.

geſchweige denn, not to speak of, much less, let alone..

geſchwind, quick.

Geſchwiſter, *pl.*, sisters and brothers.

Geſelle, *m.*, –n, –n, journeyman, assistant.

Geſellſchaft, *f.*, –en, company, society, club; lot.

Geſicht, *n.*, –(e)8, –er, face.

Geſichtchen, *n.*, –8, –, (dear) little face.

Geſichtlein, *n.*, –8, –, (dear) little face.

Geſichtszug, *m.*, –(e)8, ⸚e, feature.

Geſpräch, *n.*, –(e)8, –e, conversation.

Geſtalt, *f.*, –en, form, figure.

geſtatten, permit.

geſtehen, confess.

geſtern, yesterday.

geſund, sound.

getroſt, comforted.

gewahren, notice.

gewähren, grant.

Gewalt, *f.*, –en, power, force, violence; mit —, by force.

gewaltig, powerful; exceeding.

Gewändchen, *n.*, –8, –, (little) dress.

Gewerk, *m.*, –(e)8, –e, trade, guild.

Gewinn, *m.*, –(e)8, –e, profit.

gewinnen, a, o, earn.

gewiß, certain.

Gewiſſen, *n.*, –8, conscience.

Gewißheit, *f.*, –en, certainty.

glänzen, gleam.

gläſern, shrill.

glauben, believe.

gleich, like, equal; (=ſogleich), immediately, at once, directly, just.

gleichmäßig, uniform, equal, regular.

gleichwohl, nevertheless, for all that.

gleiten, glitt, geglitten, glide, slip.

Glied, *n.*, –(e)8, –er, limb.

Gliederbau, *m.*, –(e)8, build, form.

Glöckchen, *n.*, –8, –, small bell.

Glocke, *f.*, –n, bell.

Glockenlaut, *m.*, –(e)8, –e, sound of a bell, peal of bells.

Glockenſchlag, *m.*, –(e)8, ⸚e, stroke of the clock.

Glück, *n.*, –(e)8, luck, happiness; zum —, fortunately; — haben, be in luck.

glücken, succeed; e8 glückt einem mit etwa8, one succeeds in something.

glücklich, lucky, fortunate, happy, safe.

Gnadenbrot, *n.*, –(e)8, bread of charity.

gnädig, gracious.

Gold, *n.*, –(e)8, gold.

goldbeſetzt, gold-trimmed.

golden, golden.

Goldflitter, *f.*, –n (*usually m.*, –8, –), gold tinsel.

goldgeſtickt, gold-embroidered.

Gölz, *npr. m.*, –8, *see* Notes 9, 22.

gotiſch, Gothic (*with high and sharply-pointed arches*).

Gott, *m.*, –(e)8, ⁻er, God, the Lord; Heaven; der liebe —, the good Lord; du lieber —, good heavens! mein —, Heavens! goodness!

Gottesgabe, *f.*, –n, gift of God.

gotteslästerlich, blasphemous.

gottlos, impious, wicked; die Gottloſen, the wicked.

Grab, *n.*, –(e)8, ⁻er, grave.

Grad, *m.*, –(e)8, –e, degree.

Graf, *m.*, –en, –en, count.

Grasgarten, *m.*, –8, ⁻, grass garden, grass plot.

grau, gray.

grauſam, cruel.

greifen, griff, gegriffen, seize, take (an, by).

Grētchen, *npr. n.*, –8, *and* Grēte, *npr. f.*, –8, *see* Notes 30, 17.

Griffel, *m.*, –8, –, slate pencil.

grimm, grim, fierce.

grimmig, grim, fierce; — kalt, exceedingly cold, bitter cold.

grinſen, grin; —d, with a grin.

grob, coarse, rough.

groß, great, big, large, tall; einen — anſehen, look at one in astonishment.

Großmutter, *f.*, ⁻, grandmother.

Grube, *f.*, –n, pit.

Gruft, *f.*, ⁻e, grave.

grün, green.

gründlich, thorough.

Gründlichkeit, *f.*, thoroughness.

grunzen, grunt.

Gruß, *m.*, –e8, ⁻e, greeting.

grüßen, greet.

gucken, peep, look.

gut, good, kind, well; all right; es — haben, be treated well; ſo — wie ganz, almost entirely.

gutmütig, good-natured.

H

Haar, *n.*, –(e)8, –e, hair; *pl.*, hair.

Haarflechte, *f.*, –n, braid of hair, tress.

haarklein, with every detail.

Haarſpieß, *m.*, –e8, –e, bristling hair.

Haarſpießchen, *n.*, –8, –, short, bristling hair.

haben, have, possess.

hacken, peck (in, *obj. case*).

Hafenmeiſter, *m.*, –8, –, harbor master.

Haff, *n.*, –(e)8, –e, *see* Notes 19, 8.

halb, half; partial; mit —er Stimme, in an undertone.

halbgeöffnet, half-opened, partly opened.

Hals, *m.*, –e8, ⁻e, neck, throat; mit vorgeſtrecktem —e, with protruding head.

halt (*dial.*), just, indeed, once for all, I think, I mean, you know.

Halt, *m.*, –(e)8, –e, halt, stop; — machen, halt.

halten, ie, a, ä, hold, keep, stop, restrain; celebrate; halt, hold on! stop!

Hamburg, npr. n., -s, Hamburg.

Hand, f., ⁀e, hand; einem an die (zur) — gehen, assist one; in die — nehmen, take in hand, undertake.

Handbewegung, f., -en, movement of the hand.

Handbreit, f., a hand's breadth.

Händchen, n., -s, -, little hand.

Händearbeiten, n., -s, gesticulation.

Händeklatschen, n., -s, clapping of hands.

Handgriff, m., -(e)s, -e, manipulation.

Handlungsweise, f., -n, manner of action, line of conduct.

Handwerk, n., -(e)s, -e, handicraft, trade.

Handwerkersohn, m., -(e)s, ⁀e, son of an artisan.

Handwerksgeselle, m., -n, -n, journeyman.

Handwerkslehrling, m., -s, -e, apprentice (of an artisan).

Handwerksmann, m., (-e)s, ⁀er and Handwerksleute, artisan.

Handwerksmeister, m., -s, -, master-artisan.

hangen (and hängen), i, a, ä, hang, be suspended (an, on, from).

Hanswurst', m., -(e)s, -e, see Notes 16, 10; clown.

harmlos, harmless, inoffensive.

harmonier'lich, see Notes 69, 22.

harren, wait in expectation.

hart, hard; severe.

Härz'drittel, n., -s, -, see Notes 66, 6.

Haß, m., Hasses, hatred.

hassen, hate.

hastig, hasty.

hätscheln, fondle, pamper.

Haufe, m., -ns, -n, pile, heap; zu —n, in great numbers.

Haupt, n., -(e)s, ⁀er, head.

Hauptkasperl, m., -s, chief Casper, chief Punch.

Haus, n., -es, ⁀er, house, home; nach — (or —e), home; zu — (or —e), at home.

Hausarbeit, f., -en, housework.

Hausfrau, f., -en, mistress of the house.

haushoch, as high as a house.

Hausmeister, m., -s, -, seneschal, majordomo.

Haustür, f., -en, street door, front door.

Haustürschwelle, f., -n, threshold of the street door.

Haut, f., ⁀e, skin.

heben, o, o, lift, raise; sich —, be raised; improve.

heftig, violent, passionate.

Heide, m., -n, -n, heathen, pagan.

Heidehügel, m., -s, -, hill in the heath.

Heiderücken, *m.*, –8, –, ridge in the heath.

heidnisch, pagan.

heil, whole.

heilig, holy, saint, St.

Heiligenbild, *n.*, –(e)8, –er, image (statue) of a saint (of saints).

Heimat, *f.*, –en, home country, native town, home.

Heimatsprache, *f.*, –en, native language.

heim'gehen; heimgegangen, deceased.

heim'kommen, get home.

heimlich, secret.

Heimlichkeit, *f.*, –en, secrecy.

Heimweg, *m.*, –(e)8, –e, way home.

Heinrich, *npr. m.*, –8, Henry.

Heirat, *f.*, –en, marriage.

heiß, hot, glowing; — setzen, put to the fire, keep warm.

heißen, ie, ei, be called.

Heißwecken, *m.*, –8, –, (hot) roll.

heiter, serene, cheerful.

Held, *m.*, –en, –en, hero.

helfen, a, o, i, help; es hilft einem nichts, it is of no use to one.

hell, bright, light; —e Tränen, big, round tears.

Helligkeit, *f.*, brightness.

her, hither, here; hin und —, to and fro; lange —, *see* lange; um . . . —, around; von . . . —, from.

herab', down.

herab'dämmern, spread (down) a dim (weak, faint) light.

herab'fahren, descend.

herab'fallen, fall down.

herab'gleiten, slide down (an, *obj. case*).

herab'kommen, come down.

herab'lassen, lower.

herab'nicken, nod down.

herab'schauen, look down.

herab'sehen, look down.

herab'setzen, degrade.

herab'sinken, dwindle (bis auf, to).

herab'steigen, step down.

heran'kommen, come up, approach; arrive.

heran'nahen, approach.

heran'traben, trot along.

herauf', up.

herauf'bimmeln, tinkle up (the street).

herauf'kommen, come up.

herauf'schwimmen, float upward.

herauf'tönen, come up, arise.

herauf'wachsen, grow up.

herauf'zucken, come (up) with a twitch.

heraus', out (h i t h e r); zwischen . . . —, from between.

heraus'finden, find out, seek out.

heraus'gucken, peep forth.

heraus'heben, lift out.

heraus'kommen, become known.

heraus'schauen, *see* Notes 58, 7.

heraus'schütteln, shake forth.

heraus'steigen, climb out, get . up.

heraus'wachsen, grow out; outgrow.

Herberge, f., –n, house of call, meeting-house (for journeymen), inn.

Herberghaus, n., –es, ̈er, house of call, inn.

Herbergsvater, m., –s, ̈, keeper of a house of call, innkeeper.

Herbst, m., –(e)s, –e, autumn.

Herbstnebel, m., –s, –, autumn mist.

Herbsttag, m., –(e)s, –e, autumn day.

her'fliegen, fly (hither), run (hither).

her'geben, give up, furnish.

hergebracht, established.

her'gehen, come here.

Herr, m., –n, –en, master; lord; Lord; gentleman; Mr.; sir.

Herreise, f., –n, journey hither, journey here.

Herrgottchen, n., –s, see Notes 26, 20.

Herrlichkeit, f., –en, splendor, treasure.

Herrschaft, f., –en; meine —, ladies and gentlemen.

Herstellung, f., restoration.

her'traben, trot along.

herü'berrufen, shout over, shout across.

herü'bersehen, look over, look across.

herü'berweisen, point over, point across.

herü'berwinken, motion over or across.

herum'gehen, go about; etwas geht mir im Kopfe herum, something runs in my head (mind), something weighs on my mind.

herum'kraxeln, climb about, slink about.

herum'reiten, ride about.

herum'schleichen, i, i, slip around.

herun'terhangen, hang down, be suspended.

herun'terholen, take down (-stairs).

herun'terkommen, come down.

herun'terpoltern, clatter down.

herun'terschauen, look down.

herun'terschlagen, knock off.

hervor'lugen, peep forth, look out.

hervor'recken, stretch forth; sich —, be stretched forth.

hervor'schwimmen, swim forth, float forth.

hervor'stürzen, rush forward.

hervor'suchen, seek out.

Herweg, m., –(e)s, –e, way hither, way here.

Herz, n., –ens, –en, heart, sympathy, courage.

herzallerliebst', best beloved.

Herzensgrund, m., –(e)s; so recht aus —e, from the very bottom of one's heart.

herzig, charming, sweet.

Herzklopfen, n., –s, throbbing of the heart; unter —, with throbbing heart.

herztaufig, see Notes 18, 1.

Heulen, n., –s, howling; weeping.

heunt, *see* Notes 20, 3.

heute, to-day; nowadays; — abend, to-night.

hie, here.

hier, here.

hierauf, hereupon.

hierher, hither, here.

hierher'tommen, come hither, come here.

hierfelbft', of this town.

hierzulande, in this country, in this neighborhood.

Hilfe, *f.*, –n, help; zur —, to help them out.

Himmel, *m.*, –s, –, heaven, sky.

himmelblau, sky-blue.

hin, thither, hence, that way; — und her, to and fro, from side to side, backward and forward; —und wieder, backward and forward.

hinab', down.

hinab'fahren, go down.

hinab'fallen, fall down.

hinab'gehen, go down, walk down.

hinab'tommen, come down.

hinab'laffen, lower.

hinab'laufen, run down.

hinab'rollen, roll down.

hinab'fchlendern, stroll down.

hinab'werfen, throw down.

hinab'ziehen, move down.

hinauf', up.

hinauf'bliden, look up.

hinauf'fliegen, fly up.

hinauf'führen, lead up (nach, to).

hinauf'laufen, run up.

hinauf'nehmen, take up (-stairs).

hinauf'steigen, ascend.

hinaus', out; aus . . . —, out of . . . ; zur Tür —, out of the door.

hinaus'bliden, look out.

hinaus'dehnen, stretch out.

hinaus'fahren, drive out, travel out, go out.

hinaus'fliegen, fly out.

hinaus'gehen, go (farther) out, walk out.

hinaus'laufen, run out, lead out; extend.

hinaus'lehnen, fich, lean out.

hinaus'leiten, lead out.

hinaus'liegen, be situated (nach dem Hofe, on the court side).

hinaus'rennen, run out (zu, of).

hinaus'fchauen, look out.

hinaus'follen, *see* Notes 68, 8.

hinaus'tragen, carry out.

hinaus'ziehen, pull out.

Hinderuis, *n.*, –niffes, –niffe, obstacle (für, to).

hindurch'fchlüpfen, slip through, flit through.

hinein'fahren, drive (in, into), travel (in, into), go (in, into).

hinein'tommen, get in.

hinein'fchauen, look in.

hinein'fehen, look in.

hinein'wandern, walk in.

hinein'ziehen, draw in.

hin'fallen, fall down.

hin'fliegen, fly (thither), pass.

hinfort', henceforth.

hin'geben, give away.

hin'gehen, pass away.

hin'horchen, listen (*in a certain direction*).

hin'kauern, sich, cower down, squat down.

hin'kommen, go (thither), get (there).

hin'reden, recite.

Hinreden, n., –8, see Hin- und Widerreden.

hin'schluchzen; vor sich —, sob away.

hin'sehen, look (away); flüchtig nach einem —, cast a hasty glance at one.

hin'setzen, sich, seat oneself.

hin'stellen, place; sich —, take one's position. .

hinten, behind, in the rear; ganz —, clear back.

hintenaus, backward.

hinter, behind; beyond, outside.

hinterdrein', after it.

hinterdrein'rennen, run after it.

Hintergrund, m., –(e)8, ⸚e, background.

hinterhaltig, reserved; with reservation.

Hinterhaus, n., –e8, ⸚er, rear building.

hinterher'gehen, walk behind, trudge on behind.

hinterm = hinter dem.

Hintertür, f., –en, back door.

hinü'berfliegen, fly over, fly across.

hinü'bergehen, walk across.

hinü'bernicken, nod over, nod across.

hinü'berrufen, shout across.

hinü'bersehen, look over (to the other side).

hinü'berspannen, stretch over.

hinü'bertragen, carry across.

hinü'berweisen, show over.

hinü'berwinken, nod over, motion over.

Hin- und Widerreden, n., –8, arguing, argument.

hinun'terpoltern, clatter down.

hinweg'sehen, look (away, off).

hin'werfen, throw (thither), throw down.

hinzu'fügen, add.

hinzu'nehmen, add.

hinzu'setzen, add.

hoch (*inflected* hohe *etc.*), high, lofty, noble; *see also* höchst.

Hochdeutsch, n., High German, literary German.

hochgewölbt, high-arched.

höchst, extremely, most.

Hochzeit, f., –en, wedding.

Hochzeitsgedenktag, m., –(e)8, –e, anniversary of the wedding day.

Hochzeitsmorgen, m., –8, –, morning of the wedding day.

Hochzeitstag, m., –(e)8, –e, anniversary of the wedding day.

Hof, m., –(e)8, ⸚e, yard; courtyard; (castle) court.

hoffen, hope.

hoffentlich, I hope.

Hoffnung, *f.,* –en, hope; — ma=
chen, give hope.

Hoftür, *f.,* –en, yard door,
back door.

Höhe, *f.,* –n, height; in die —,
up, into the air; in die —
kommen, rise.

Höhle, *f.,* –n, cave.

holdselig, gracious.

holen, get, go for.

Hölle, *f.,* hell.

Höllenfahrt, *f.,* –n, descent
into hell.

höllisch, hellish, infernal.

Holz, *n.,* –es, ⸚er, wood.

Holzblöckchen, *n.,* –s, –, small
wood-block.

hölzern, wooden, angular.

Holzgesicht, *n.,* –(e)s, –er,
wooden face, expression-
less face.

Holzluke, *f.,* –n, wooden shutter.

Holzpuppe, *f.,* –n, wooden
puppet.

Holzschnitzer, *m.,* –s, –, wood-
carver.

Honoratio′ren (*pronounce* ti=
zi), *pl.,* people of rank,
higher classes.

hören, hear (an, by); listen
(auf, to).

Hörnchen, *n.,* –s, –, little horn.

hübsch, pretty, nice.

hüpfen, jump up and down,
fly up and down.

hurra′, hurra(h).

husten, cough.

Hut, *m.,* –es, ⸚e, hat.

hüten, sich, beware (vor, of).

J

ich, I.

ihr, Ihr, you.

ihr, her.

ihr, their.

im=in dem.

immer, always, ever; at any
rate; — finsterer (*and other
comparatives*), *see* Notes **31**,
4, 5; — wieder=wieder und
wieder; noch —, still; wo ...
—, wherever, whenever.

immerfort′, continually.

immerhin′, after all; yet.

in, (*dat.*) in, at; (*acc.*) into, to.

indem′, as, while; *see* Notes **4**,
23.

indes′, meanwhile; however.

indes′sen, meanwhile; however.

infol′ge, in consequence.

infolgedes′sen, in consequence
of which. .

innen, within.

inner, inner; das Innere, the
interior.

innig, intimate, sincere, fer-
vent, hearty.

ins=in das.

Inspek′tor, *m.,* –s, Inspektö′=
ren, overseer.

interessant′, interesting.

Invali′de, *m.,* –n, –n, invalid.

irgendein, any, some.

italie′nisch (*pronounce* ie=jē),
Italian.

J

ja, yes; you know, why, of
course, well; nay.

jagen, chase; sweep.

Jahr, *n.*, –(e)8, –e, year.
jahrelang, for years.
Jahrhun'dert, *n.*, –(e)8, –e, century.
jammern, wail.
Januar, *m.*, –(e)8, –e, January.
jawohl', yes, certainly; oh nonsense! don't think!
je, ever.
jedenfalls, at all events, certainly.
jeder, jede, jedes, every, each, either; ein —, either.
jener, jene, jenes, that.
Jenseits, *n.*, –, great beyond, next world, other side.
jeßo (*archaic*), now.
jeßt, now.
jeßund' (*dial.*) = jeßt.
Joseph, *npr. m.*, –8, Joseph.
Jubel, *m.*, –8, loud rejoicing, exultation, merriment.
Jubelruf, *m.*, –(e)8, –e, shout of joy.
Jugend, *f.*, youth; young people; in meiner —, as a boy.
Jugendzeit, *f.*, –en, (time of) youth.
jung, young.
Junge, *m.*, –n, –n (*frequently* –n8), boy, lad.
Jungfrau, *f.*, –en, maiden.

K

Kaffee, *m.*, –8, coffee.
kahl, barren.
kalt, cold.
Kamerād', *m.*, –en, –en, comrade.

Kamm, *m.*, –(e)8, –e, comb.
Kammer, *f.*, –n, bedroom, room.
Kämmerchen, *n.*, –8, –, small bedroom.
kapieren, grasp.
Kapu'ze, *f.*, –n, hood.
karg, destitute, poor.
Karren, *m.*, –8, –, cart.
Karte, *f.*, –n, card, ticket.
Kartenspiel, *n.*, –(e)8, –e, card-playing.
Kasper, *npr. m.*, –8, Caspar; Punch.
Kasperl(e), *npr. m.*, –8, –8, Caspar; Punch.
Kasperlenase, *f.*, –n, Punch-nose.
Kasperlschaft, *f.*, "Caspar-hood," "Punchhood."
Kassa, *f.*, cash receipt.
Kasse, *f.*, –n, ticket table, ticket office.
Kasta'nienbaum (*pronounce* ie = ie), *m.*, –(e)8, –e, chestnut-tree.
Kasten, *m.*, –8, –, box; tumble-down building, shack, shell.
Kater, *m.*, –8, –, tomcat.
kathō'lisch, (Roman) Catholic.
Kattūn', *m.*, –(e)8, –e, cotton, calico.
Kattūn'fabrik', *f.*, –en, cotton factory, calico factory.
Kaße, *f.*, –n, cat.
kaufen, buy.
kaum, hardly; scarcely; but now; — . . ., als . . ., no sooner . . . than . . .

Kehraus, *m.*, –, concluding dance (*more literally*, "clearing-out dance").

kehren, turn; in sich gekehrt, absorbed in thought.

kein, no, not any; — ... mehr, no longer a(ny) ...

keineswegs, by no means.

kennen, kannte, gekannt, know, remember; — lernen, become acquainted with.

Kenntnis, *f.*, –nisse, knowledge (*also=German pl.*), kind of knowledge.

Kerl, *m.*, –(e)s, –e, fellow; wretch.

Kind, *n.*, –(e)s, –er, child.

Kinderfreund, *m.*, –(e)s, –e, *see* Notes **42**, 22.

Kindergesicht, *n.*, –(e)s, –er, childish face.

Kinderglück, *n.*, –(e)s, delights of childhood.

Kinderjahre, *pl.*, years of childhood.

Kinderstimme, *f.*, –n, child's voice.

Kinderzeit, *f.*, –en, childhood.

Kindesherz, *n.*, –ens, –en, childlike heart.

kindlich, childlike.

Kindsgespiel, *n.*, –(e)s, –e, playmate of one's childhood.

Kinn, *n.*, –(e)s, –e, chin.

Kinnbacksknochen, *m.*, –s, –, jaw-bone.

Kinnlade, *f.*, –n, jaw-bone.

Kirchdorf, *n.*, –(e)s, –er, parochial village.

Kirche, *f.*, –n, church.

Kirchenplatz, *n.*, –es, –e, church square.

Kirchhof, *m.*, –(e)s, –e, churchyard.

Kirchhofmauer, *f.*, –n, wall of a churchyard.

Kirschbaum, *m.*, –(e)s, –e, cherry-tree.

Kissen, *n.*, –s, –, pillow.

Kiste, *f.*, –n, box.

Klafter, *f.* (*also m. and n.*), –n, cord.

Klage, *f.*, –n, complaint.

klagen, complain.

kläglich, pitiful, miserable, plaintive.

Klang, *m.*, –(e)s, –e, sound; timbre; accent.

klappen, clap, clatter, rattle.

klappern, rattle.

klar, clear.

kleben, stick, adhere, be attached; — bleiben, stick.

Kleid, *n.*, –(e)s, –er, dress.

Kleidchen, *n.*, –s, –, (little) dress, frock.

kleiden, clothe, dress; sich in ... gekleidet haben, be clothed in ...

klein, little, small, thin, short, trifling; die Kleine, the little girl.

kleinlaut, low-spirited, dejected.

klettern, climb.

klingen, a, u, sound, ring, jingle.

klopfen, knock, beat; es klopft, there is a knock, someone knocks.

flug, intelligent, clever; ich vermag nicht, — daraus zu werden, I am unable to make it out.

Knabe, *m.*, –n, –n, boy, lad.

knacken, crack (mit, *obj. case*).

knarren, creak; —b, with a creaking noise.

Knie, *n.*, –s, –, knee.

knochig, bony.

knoten, tie.

Kolle'ge, *m.*, –n, –n, colleague.

kommandieren, command; —b, imperious.

kommen, kam, o, come, go; —b, coming, next; (wieder) zu sich —, recover oneself.

Komö'die (*pronounce* ie=je), *f.*, –n, comedy, play.

konfirmieren, confirm.

können, konnte, gekonnt, kann, be able; can, may.

Kopf, *m.*, –(e)s, "e, head; im —e haben, know (by heart), remember.

Köpfchen, *n.*, –s, –, little head.

Körper, *m.*, –s, –, body.

Korporal', *m.*, –(e)s, –e, corporal, sergeant.

Kor'ridor, *m.*, –(e)s, –e, corridor, passage.

Kosa'tenwinter (a *short*), *m.*, –s, *see* Notes **70**, 8.

kostbar, expensive, valuable.

kosten, cost.

Krach, *m.*, –(e)s, crack.

Krammetsvogel, *m.*, –s, *, field-fare (*Turdus pilaris*).

krampfhaft, convulsive.

krank, sick; der Kranke, the sick man, patient.

Krankenlager, *n.*, –s, –, illness.

Kranz, *m.*, –es, "e, wreath.

Kreide, *f.*, –n, chalk.

Kremnitzer, *see* Notes 66, 7.

Krempel, *m.*, –s, rubbish.

kreuz; — und quer, crisscross; in all directions.

kreuzigen, crucify; der Gekreuzigte, the Crucified One.

Kreuzlahmheit, *f.*, lameness in the hips.

kreuzweise, crosswise.

Krieg, *m.*, –(e)s, –e, war.

kriegen, get; fertig —, manage.

Kriminal'kommissä'rius, *m.*, –, –rien, police-judge.

Kröpel=Lieschen, *npr. n. and f.*, –s, Lame Lizzie; *see* Notes 69, 7.

Kröte, *f.*, –n, toad.

Krü'zifix, *n.*, –es, –e, crucifix.

Küche, *f.*, –n, kitchen.

Kuchen, *m.*, –s, –, cake.

kühn, bold.

Kulis'se, *f.*, –n, wing.

Kummer, *m.*, –s, grief.

kümmern, grieve, concern.

Kümmernis, *f.*, –nisse, affliction, anxiety.

kundgeben, manifest, show.

Kundschaft, *f.*, –en, number of customers, custom.

künftig, future, coming; in future.

Kunst, *f.*, "e, art, skill, trick.

Kunstdrechsler (*pronounce* ch=k), *m.*, –s, –, turner of artistic objects, master-turner.

Kunſt'figūr', *f.*, –en, artistic figure.

kunſtreich, ingenious.

kunſtvoll, ingenious.

Kur, *f.*, –en, cure.

Kurā'ſchi (*dial.*), *f.*, *see* Notes **63**, 13, 14.

kurieren, cure, repair.

kurz, short; — darauf, a little while afterward.

küſſen, kiss.

Küſte, *f.*, –n, coast.

L

Lache, *f.*, –n, laughter.

lächeln, smile.

Lächeln, *n.*, –8, smile.

lachen, laugh; —d, laughing, cheerful.

Lachen, *n.*, –8, laughter.

laden, u, a, ä, load.

Laden, *m.*, –8, – *and* ⁻, store.

Ladendiener, *m.*, –8, –, salesman.

Ladentiſch, *m.*, –(e)8, –e, counter.

lallen, stammer.

lamentieren, lament.

Lampe, *f.*, –n, lamp; —n des Podiums, footlights.

Land, *n.*, –(e)8, ⁻er *and* –e, country, land.

landab' landauf', up and down the country.

Landesherzog, *m.*, –8, –e *and* ⁻e, duke of the country (state).

landfahrend, wayfaring.

Landreiter, *m.*, –8, –, (mounted) rural policeman.

Landſtraße, *f.*, –n, road.

lang, long; ⁻er, protracted; *adv.* (*placed after noun*), for, long.

lange, (a) long (time); daß . . ., iſt — her, it is a long time since . . .; —ſchon, long since; längſt, long ago.

langen, reach.

langgezogen, long-drawn, protracted.

langſam, slow.

langwierig, slow, protracted, tedious.

Lappä'lie (*pronounce* ie=je), *f.*, –n, bagatelle, trifle.

laſſen, ließ, a, läßt, let, allow; cause; leave alone; give; laß, never mind!

Laſt, *f.*, –en, burden.

läſtig, burdensome.

Later'ne, *f.*, –n, lantern.

Latte, *f.*, –n, lath; scantling.

laufen, ie, au, äu, run, go, depart, start.

laut, loud, aloud.

Laut, *m.*, –(e)8, –e, sound.

lauten, sound, run.

läuten, ring.

Läuten, *n.*, –8, ringing, tinkling.

Lazarett', *n.*, –(e)8, –e, lazaretto, hospital.

leben, live.

Leben, *n.*, –8, life.

leben'dig, living, alive; lively; wieder — werden, be revived.

Lebensgröße, *f.*, life-size.

lebhaft, lively, vivacious, animated, excited.

ledig, free (*gen.*, from).

leer, empty, vacant, deserted; — stehen, be vacant.

legen, lay, place, put; sich auf etwas —, devote oneself to something.

lehnen, lean; sich —, lean.

Lehnstuhl, *m.*, –(e)s, ̈e, easy-chair, armchair.

Lehre, *f.*, –n, apprenticeship; lesson; in der — sein, be apprenticed (bei, to); in die — treten, become apprenticed (bei, to).

lehren, teach; gelehrt, learned.

Leib, *m.*, –(e)s, –er, body; am —e, to one's back.

leibhaftig, real, own.

leicht, slight; easy.

leid, *see* Notes 13, 20–22.

leiden, litt, gelitten, suffer, allow.

leider, unfortunately, alas.

Leier, *f.*, –n, lyre.

Leinwandstück, *n.*, –(e)s, –e, piece of linen cloth.

Leipziger, Leipziger; *see* Notes 27, 15.

leise, soft, low; slight; quietly; in a whisper; — sagen, whisper.

leisten, accomplish, achieve.

lernen, learn (bei, from); kennen nen —, become acquainted with.

Lesebuch, *n.*, –(e)s, ̈er, reader.

lesen, a, e, ie, read.

Lesen, *n.*, –s, reading.

Letter, *f.*, –n, letter, character.

letzt, last.

letztenmal, zum, for the last time.

letztere, der (die, das), the latter.

leuchten, shine, beam.

Leumundszeugnis, *n.*, –nisses, –nisse, certificate of good conduct; für . . . — ablegen, bear witness to the good character of . . .

Leute, *pl.*, people.

Levko'je (*pronounce* v=f), *f.*, –n, stock-gillyflower (*Matthiola incana*).

Licht, *n.*, –(e)s, –er *and* –e, light; candle.

Lichtschein, *m.*, –(e)s, brightness, gleam of light.

Lichtstreifen, *m.*, –s, –, streak of light.

lieb, dear, beloved, good, sweet, pleasant; was Liebes, a sweetheart.

Liebe, *f.*, love.

Liebesdienst, *m.*, –(e)s, –e, favor.

Liebhaber, *m.*, –s, –, patron (*usually* amateur).

Lieblichkeit, *f.*, loveliness.

Liebling, *m.*, –(e)s, –e, favorite.

liebreich, loving, kind.

liebst, *see* gern.

Lied, *n.*, –(e)s, –er, song.

liederlich, careless, slovenly, disorderly.

liegen, a, e, lie; an jemandes

Halſe —, hang on some-
body's neck.

Lieschen (Lieſchen), *npr. n.* (*and
f.*), –8, Lizzie; *see* Notes **69**,
7 and **71**, 18.

Linde, *f.*, –n, linden.

Lindenbaum, *m.*, –(e)8, ⁻e, lin-
den-tree.

linf; die Linfe, left (hand).

Lippe, *f.*, –n, lip.

loben, praise.

los'laſſen, let go.

Lotte, *npr. f.* (*endearing ab-
breviation of* Charlotte), Lot-
tie.

Luft, *f.*, ⁻e, air; — machen, give
vent (*dat.*, to).

Lufe, *f.*, –n, shutter.

luſtig, jolly, merry, cheerful;
waggish.

Luſtigfeit, *f.*, mirth, merriment.

M

machen, make, do; cause, give;
see to it.

mächtig, mighty, huge.

Mada'me (e *not pronounced*),
f., –n, madam, Mrs.

Mädchen, *n.*, –8, –, girl.

Mädchenauge, *n.*, –8, –n, girl's
eye.

Mädchenfnecht, *m.*, –(e)8, –e,
sissy(-boy).

Mädel, *n.*, –8, –, girl.

mager, lean, thin.

Magie' (ie=ī), *f.*, magic.

magnē'tiſch, magnetical; by a
magnet.

Magnifizenz', *f.*, –en, Magnifi-

cency (*at present, title of the*
Reftor, *or president, of a
German university.*

Mahl, *n.*, –(e)8, –e *and* ⁻er,
meal, repast.

Mähne, *f.*, –n, mane.

Māl, *n.*, –(e)8, –e, time.

malen, paint.

Malerei', *f.*, –en, painting.

man, one; they; *passive construction.*

manch, many a; —e8, many a
thing; *pl.*, some.

Mann, *m.*, –(e)8, ⁻er, man,
husband.

mannigfach, manifold, various, diverse.

männlich, manly.

mannshoch, at man's height,
a man's height.

Mantel, *m.*, –8, ⁻, mantle,
cloak.

Mäntelchen, *n.*, –8, –, little
cloak, cape.

Märchenglanz, *m.*, –e8, fairy-
like splendor.

Marionet'te, *f.*, –n, puppet.

Marionet'tentheo'ter (Mario-
netten=Theater), *n.*, –8, –,
puppet-show.

Marft, *m.*, –(e)8, ⁻e, market-
place.

marſchieren, march, walk.

Maſchi'ne, *f.*, –n, engine.

Maſfe, *f.*, –n, mask.

Maß, *n.*, –e8, –e, measure, degree.

maſſafrieren, massacre,
slaughter.

mäßig, moderate, mediocre.

Mauer, f., –n, wall.

Maul, n., –(e)s, ⁓er, mouth (*properly only of animals*); halt's —, shut up! sich das — wischen, *see* Notes 72, 9.

Mäulchen, n., –s, –, (sweet) little mouth.

mäuschenstille, still as a (little) mouse, quite hushed.

Mechá'nik, f., –en, mechanism.

Mechá'nikus, m., –, Mechá'nizt, mechanician.

mechá'nisch, mechanical.

Mehlspeise, f., –n, dish made of flour; pudding.

mehr, more, longer; rather; nicht —, no longer, not any more (longer).

mehrfach, repeatedly.

mehrmáls, several times.

mein, my; der (die, das) —e, mine.

meinen, mean, think; observe, say.

meinerseits, in my· behalf, on my own hook.

meinetwegen, on my account.

meinige, der (die, das), mine; die Meinigen, my people, my family.

meist, most; most of the; mostly.

meistens, mostly, for the most part.

Meister, m., –s, –, master(-artisan, -workman); maker.

Meisterin, f., –nen, a master's wife (widow); employer.

Meisterrecht, n., –(e)s, –e, priv-ilege of exercising a trade, freedom of a guild.

melden, sich, apply (bei, to).

Menge, f., –n, crowd.

Mensch, m., –en, –en, human being.

Menschenglück, n., –(e)s, human happiness.

Menschenherz, n., –ens, –en, human heart.

Menschheit, f., humanity, mankind.

Mephistó'pheles, npr. m., *see* Notes 27, 24.

merken, notice.

Messer, n., –s, –, knife.

Messingbecken, n., –s, –, brass basin.

Michaé'lis, n., Michaelmas.

Michaé'lis-Jahrmarkt, m., –(e)s, ⁓e, Michaelmas fair.

Miene, f., –n, mien; — machen, etwas zu tun, look as if one were going to do something, prepare to do something, seem to be on the point of doing something.

mild, gentle.

Minka, npr. f., –s, Minka, *see* Notes 72, 7.

Minú'te, f., –n, minute.

mißtrauisch, distrustful, suspicious.

mit, with; by means of; through, by, in; at; (*adv.*), (along) with (her, *etc.*).

miteinan'der, with each other, to each other, together.

mit'geben, give (on parting).

Mitglied, n., –(e)s, –er, member.

mitleidig, compassionate.

mit'schaffen, be at work with the others, be also at work, help.

mit'spielen, play along with the others, be one of the players.

Mittag, m., –(e)s, –e, midday, noon; zu — essen, dine.

Mittag(s)essen, n., –s, –, midday meal, dinner.

Mittagsraft, f., –en, midday rest.

Mitte, f., center, middle.

Mittel, n., –s, –, means.

mittelalterlich, medieval.

mitteldeutsch, of Central Germany.

mitten in, in the midst of.

Mitternacht, f., –e, midnight, the hour of midnight.

mittler, central.

mitun'ter, occasionally.

mögen, mochte, gemocht, mag, may; like to; *often expressed by finite verb with* possibly.

möglich, possible; —st . . ., as . . . as possible.

Mohr, m., –en, –en, Moor, Saracen.

Mond, m., –(e)s, –e, moon.

Mondlicht, n., –(e)s, moon-light, moonshine.

Mondscheinbeleuchtung, f., light of the moon.

mordiön, *see* Notes 55, 8, 9.

Morgen, m., –s, –, morning; eines —s, one morning.

morgen, to-morrow.

Morgenluft, f., –e, morning air.

Mor'genpantof'fel, m., –s, –, morning slipper.

mucksen, grumble, utter a faint sound (of protest).

müde, tired (*gen.*, of).

Mühe, f., –n, pain.

München, *npr. n.*, –s, Munich (*capital of the kingdom of Bavaria*).

Mund, m., –(e)s, –er *and* –e, mouth; einem etwas in den — legen, make one say something.

Mundstück, n., –(e)s, –e, mouth-piece.

munter, gay, vigorous, lively, cheery, cheerful.

Musikant', m., –en, –en, musician.

Musikan'tenplatz, m., –es, –e, musician's seat.

Musikan'tenpult, m., –(e)s, –e, musician's desk.

müssen, mußte, gemußt, muß, have to, be forced to, be obliged to, must.

müßig, idle.

Mut, m., –(e)s, courage.

Mutter, f., –, mother.

Mütterchen, n., –s, –, dear mother.

Mütze, f., –n, cap.

N

nach, after, to, towards, for, according to, by; — der einen Seite, in one direction; (*adv.*) behind, following; — und —, gradually.

Nachbar, *m.*, –8, –n, neighbor.
Nachbarhaus, *n.*, –es, ⸚er, neighboring house.
Nachbarstadt, *f.*, ⸚e, neighboring town.
nach'blicken, look after.
nachdem', after.
nachdenklich, thoughtful.
nach'fliegen, fly after (*dat.*, *obj. case*).
nach'geben, give in, yield.
nach'gehen, follow.
nachgera'de, at length, by this time.
nachher', afterward, later.
nach'kommen, come after, follow, come later.
nachlässig, careless.
nach'laufen, run after (*einem*, *obj. case*).
Nachmittag, *m.*, –(e)8, –e, afternoon.
Nachricht, *f.*, –en, news, account, information.
nächst, next, following; in den —en Tagen schon, in just a few days.
Nacht, *f.*, ⸚e, night; des —8, at night, in the night.
Nachteil, *m.*, –(e)8, –e, disadvantage.
Nachtquartier, *n.*, –(e)8, –e, night's lodging.
Nachtwache, *f.*, –n, night watch.
Nachtwächter, *m.*, –8, –, (night) watchman.
nach'weisen, prove.
Nacken, *m.*, –8, –, (back part of the) neck, nape.

Nagel, *m.*, –8, ⸚, nail.
nagen, gnaw; an jemandes Herzen —, gnaw at somebody's heart, rankle in somebody's heart.
Näharbeit, *f.*, –en, needlework.
nahe (*see also* nächst), near, near-by, neighboring; — an, near, close to; näher treten, approach.
Nähe, *f.*, neighborhood, proximity; in der —, near, close(ly).
nähen, sew.
Nähen, *n.*, –8, sewing.
nähern, bring near; sich —, approach (*einem*, one), draw near.
Nahrung, *f.*, –en, nourishment, food.
Nähschraube, *f.*, –n, sewing-bird (*clamp for fastening needlework to a table*).
Name, *m.*, –ns, –n, name.
namentlich, especially.
Nan'kingan'zug, *m.*, –(e)8, ⸚e, nankeen suit.
Narr, *m.*, –en, –en, fool, clown; fellow.
Narretei', *f.*, –en, tomfoolery.
Näschen, *n.*, –8, –, little nose.
Nase, *f.*, –n, nose.
Nasenschnabel, *m.*, –8, ⸚, beak-shaped nose, hook nose.
Nasenzipfel, *m.*, –8, –, tip of the nose.
naseweis, saucy, forward.
Natür', *f.*, –en, nature.
Nebel, *m.*, –8, –, mist, fog.

neben, beside, by the side of, by.

nebeneinan'der, by the side of each other.

Nebenhaus, *n.*, —es, ⸚er, adjoining house; wing, outbuilding.

nebenher', alongside.

nebenher'gehen, walk alongside.

Nebenlehrling, *m.*, —s, —e, fellow-apprentice.

nebst, together with.

necken, tease.

Neckerei', *f.*, —en, raillery, provocation.

nehmen, a, genommen, nimmt, take.

Neid, *m.*, —(e)s, envy.

neigen, sich, incline; draw (zu Ende, to a close).

nein, no.

Nelke, *f.*, —n, carnation (*Dianthus caryophyllus*).

nennen, nannte, genannt, call; name, mention.

nett, nice, pleasant.

neu, new, recent; —est, latest; aufs —e, anew; von —em, anew.

Neubeginn, *m.*, —(e)s, new start.

Neugierde, *f.*, curiosity.

neulich, recent, of the other day.

neun, nine.

neunjährig, nine years old, of nine years.

nicht, not; — mehr, no more, no longer.

nichts, nothing.

nicken, nod; mit dem Kopfe —, nod one's head.

nie, never.

nie'derbeugen, sich, bend down (auf, over).

nie'derdrücken, press down.

nie'dersehen, look down.

Niederung, *f.*, —en, lowland.

niemals, never; noch —, never yet, never before.

niemand, nobody.

nimmer, never; no more.

nimmermehr, nevermore; never; not at all.

noch, yet, still; even; nor; — drei weitere, three additional; — einmal, once more; — ein paarmal, a few more times; — heute, even to-day, this very day; — immer, still; — jetzt, even now; — nicht, not yet; — niemals, never yet, never before; kaum —, hardly ever; nur —, only; weder . . ., —, neither . . . nor.

nordisch, northern.

Nordseeküste, *f.*, —en, coast of the North Sea.

Not, *f.*, ⸚e, distress, want.

Notknecht, *m.*, —(e)s, —e, makeshift.

Notpfennig, *m.*, —(e)s, —e, penny in need, money laid by for a rainy day.

Null, *f.*, —en, zero; freezing point; *see* Notes **49**, 8.

Nummer, *f.*, —n, number.

nun, now; well.

nur, only, nothing but; (*with imperatives*) just, do; — noch, only.

nützlich, useful.

O

o, oh, O.

ob, whether, if.

oben, up, above; up-stairs.

ober, upper.

Oberbau, *m.*, –(e)s, upper story.

oberhalb, above.

obgleich', although.

Obhut, *f.*, protection, care, keeping; unter seine — nehmen, take in charge.

öde, desolate, bare.

oder, or.

offen, open.

offenbar, evident.

öffentlich, public.

öffnen, open; sich —, open.

oft, often.

oftmals, often.

ohne, without; — ... zu (*and infinitive*), without (*with gerund*).

Ohr, *n.*, –(e)s, –en, ear.

Okto'ber, *m.*, –s, –, October.

Okto'bernach'mittag, *m.*, –(e)s, –e, afternoon in October.

Onkel, *m.*, –s, –, uncle.

ordentlich, orderly, decent, regular, steady; downright.

ordnen, arrange things, put things in order (an, in).

Ordnung, *f.*, –en, order; in der —, in an orderly manner;

right; in — halten, keep ... in order.

Ort, *m.*, –(e)s, –e *and* –er, place, spot; town.

Ost, *m.*, –es, –e, east.

Osten, *m.*, –s, east; nach —, to the east.

österlich, Easter-.

P

Paar, *n.*, –(e)s, –e, pair, couple.

paar, ein, a few.

paarmal, ein, a couple of times; noch ein —, a few more times.

Päckchen, *n.*, –s, –, little parcel.

packen, seize.

pardauz', bang.

Parma, *npr. n.*, –s, *see* Notes 28, 6.

Part, *m.*, –(e)s, –e, part.

Paß, *m.*, Passes, Pässe, passport.

Paul, *npr. m.*, –s, Paul.

Paulsen, *npr.*, –s, Paulsen.

Paulsensch; die —en Eheleute, the Paulsen couple, Mr. and Mrs. Paulsen.

Peitsche, *f.*, –n, whip; die — kriegen, get a thrashing.

peitschen, whip; auf ... —, whip up ...

Pfalzgraf, *m.*, –en, –en, Count Palatine.

Pfalzgräfin, *f.*, –nen, Countess Palatine.

pfeffer- und salzfarben, pepper-and-salt (-colored).

$\mathfrak{Pfeife}$, *f.*, –n, (tobacco) pipe.

$\mathfrak{pfeifen}$, whistle.

$\mathfrak{Pferd}$, *n.*, –(e)8, –e, horse.

$\mathfrak{Pferdchen}$, *n.*, –8, –, little horse.

$\mathfrak{pflanzen}$, plant.

$\mathfrak{Pflasterstein}$, *m.*, –(e)8, –e, paving stone.

$\mathfrak{pflegen}$, cultivate, take care of; be accustomed to; $\mathfrak{der}$ $\mathfrak{Ruhe}$ (*gen.*) —, take rest, enjoy rest.

$\mathfrak{Pflicht}$, *f.*, –en, duty.

$\mathfrak{Phantasie}'$ (ie=i), *f.*, –n, imagination.

$\mathfrak{Plan}$, *m.*, –(e)8, –e, plan, project.

$\mathfrak{Platz}$, *m.*, –e8, –e, place, seat; bench, row; section ($\mathfrak{erster}$ — =parquet).

$\mathfrak{plaudern}$, chat, talk.

$\mathfrak{plötzlich}$, suddenly.

$\mathfrak{Plüsch}$, *m.*, –e8, –e, plush.

$\mathfrak{Podium}$, *n.*, –8, $\mathfrak{Podien}$, podium, stage.

$\mathfrak{Pokal}'$, *m.*, –(e)8, –e, goblet, bumper.

$\mathfrak{prächtig}$, splendid, excellent.

$\mathfrak{Prachtkerl}$, *m.*, –(e)8, –e, splendid fellow.

$\mathfrak{präsentieren}$, present; $\mathfrak{sich}$ $\mathfrak{seltsam}$ —, make a strange appearance.

$\mathfrak{Preis}$, *m.*, –e8, –e, price; um $\mathfrak{den}$ —, at the price.

$\mathfrak{Priester}$, *m.*, –8, –, clergyman, pastor.

$\mathfrak{Primä}'\mathfrak{ner}$, *m.*, –8, –, primaboy, senior.

$\mathfrak{Primä}'\mathfrak{ner-Schulbuch}$, *n.*, –(e)8, –er, senior school book, school book used in the $\mathfrak{Primä}$, or highest class of a secondary school.

$\mathfrak{Prinzipäl}'\mathfrak{la}'\mathfrak{sperl}$, *m.*, –8, principal Punch.

$\mathfrak{Probe}$, *f.*, –n, rehearsal.

$\mathfrak{produzieren}$, perform.

$\mathfrak{Propst}$, *m.*, –(e)8, –e, chief clergyman.

$\mathfrak{Prozession}'$ (*pronounce* i=j), *f.*, –en, (religious) procession.

$\mathfrak{Publikum}$, *n.*, –8, audience.

$\mathfrak{Pulverhorn}$, *n.*, –(e)8, –er, powder-horn.

$\mathfrak{Punkt}$, *m.*, –(e)8, · –e, point, dot; in $\mathfrak{dem}$ —e, in that regard, on that score.

$\mathfrak{Puppe}$, *f.*, –n, puppet.

$\mathfrak{Puppenbühne}$, *f.*, –n, puppet-stage.

$\mathfrak{Puppenkasten}$, *m.*, –8, –, puppet-box (*contemptuously for* puppet-show).

$\mathfrak{Puppenkleid}$, *n.*, –(e)8, –er, puppet-dress.

$\mathfrak{Puppenkomö}'\mathfrak{die}$ (*pronounce* ie =je), *f.*, –n, puppet-play.

$\mathfrak{Puppenspiel}$, *n.*, –(e)8, –e, puppet-play.

$\mathfrak{Puppenspieler}$, *m.*, –8, –, puppet-player.

$\mathfrak{Puppenspielerei}'$, *f.*, puppet-playing.

$\mathfrak{Puppenspielerin}$, *f.*, –nen, (female) puppet-player.

$\mathfrak{Puppenspielerkind}$, *n.*, –(e)8, –er, puppet-player's child.

$\mathfrak{Puppenspielerleute}$, *pl.*, puppet-player folk.

Puppenſpieler-Liſei, *npr. n.*, —s, Puppet-player Lizzie.

Puppenſpielertochter, *f.*, ⸚, puppet-player's daughter.

Puppenſtimmchen, *n.*, —s, —, (slight) voice of a puppet.

Puppenwelt, *f.*, world of puppets.

putzen, trim, clean, polish.

Q

Qualität', *f.*, —en, quality.

Quartā, *f.*, Quarten, fourth (*and then and there lowest*) grade (of a secondary school).

Quartier', *n.*, —(e)s, —e, quarters, lodging.

Quelle, *f.*, —n, source, origin.

quer, crosswise.

R

Rabat'te, *f.*, —n, border(-bed).

ragen, project.

Rand, *m.*, —(e)s, ⸚er, edge.

Ranzen, *m.*, —s, —, satchel, knapsack.

raſch, quick.

raſen, rage; —des Gelächter, maddening laughter.

raſſeln, rattle (mit, *obj. case*).

Rat, *m.*, —(e)s, ⸚e, advice.

Rater, *m.*, —s, —, adviser.

Rathausſaal, *m.*, —(e)s, —ſäle, hall of the town house.

ratlos, helpless.

rauchen, smoke.

rauh, shaggy.

Raum, *m.*, —(e)s, ⸚e, space, room; nook; *pl.*, place.

räuſpern, ſich, clear one's throat.

Rechenbuch, *n.*, —(e)s, ⸚er, arithmetic book.

Rechenmeiſter, *m.*, —s, —, teacher (of arithmetic).

Rechenmeiſterſchule, *f.*, —n, ciphering school, grade school.

rechnen, reckon; im Kopfe —, reckon mentally.

Recht, *n.*, —(e)s, —e, right, justice; mit —, justly; von —s wegen, by right; recht haben, be right.

recht, right; accurate, correct; was —'s, mightily; (*adv.*) quite, altogether, very; das Rechte, the right thing; die Rechte, the right (-hand side).

Rede, *f.*, —n, conversation, words.

reden, talk, say; der Neid redet aus einem, envy speaks in one.

Redeübung, *f.*, —en, oratorical exercise.

regen, ſich, stir.

reichen, hand, reach; suffice; das reicht, that will do.

reimen, ſich, agree.

rein, clean, clear, pure; etwas bei ſich ins —e bringen, make up one's mind about something.

Reiſe, *f.*, —n, journey.

reiſen, travel, go (nach, to).

Reifen, *n.*, –8, traveling.

reißen, i, geriffen, tear, pull, snatch.

reiten, ritt, geritten, ride.

rennen, rannte, gerannt, run.

Reparatür', *f.*, –en, repairing, repairs.

Reputation' (*pronounce* ti= zĭ), *f.*, –en, reputation.

reputier'lich, reputable, respectable.

Refidenz'ftadt, *f.*, ‑e, capital town (with the residence of a sovereign).

Reft, *m.*, –(e)8, –e *and* –er, remnant.

Reftchen, *n.*, –8, – *and* Refter=chen, small remnant.

retten, save.

revidieren, examine.

richten, direct.

richtig, right, careful, regular, ordinary; sure enough, really; der Richtige, the right man.

Richtung, *f.*, –en, direction.

rings, all round, on all sides.

ringsum, all round.

Rippenftoß, *m.*, –e8, ‑e, nudge, poke in the ribs.

Ritter, *m.*, –8, –, knight.

Rock, *m.*, –(e)8, ‑e, coat.

rollen, roll; in die Höhe —, rise.

Röfel, *npr. n. and f.*, Rosie.

Rofenbufch, *m.*, –e8, ‑e, rose-bush.

rofig, rosy.

rot, red; — werden, blush (vor, with).

Ruchlofigkeit, *f.*, –en, wicked act, vandalism.

ruden, jerk; e8 ructt, there is a jerk; e8 ructt und ructt, one jerk follows the other.

Rücken, *m.*, –8, –, back.

Rückenlehne, *f.*, –n, back (of a bench).

Rückgabe, *f.*, giving back, return(ing).

Rückfehr, *f.*, return.

Rückfeite, *f.*, –n, rear.

rückwärts, back(wards).

ruckweife, by fits and starts, in a jerky manner.

Ruf, *m.*, –(e)8, ‑e, call, cry, exclamation.

rufen, ie, u, exclaim, shout, call (nach, for).

Ruhe, *f.*, rest; einen um — bit= ten, ask one to be quiet.

Ruhekiffen, *n.*, –8, –, pillow.

ruhen, rest, be idle.

Ruheftatt, *f.*, (last) resting-place.

ruhig, quiet, still, calm, undisturbed; right along.

rühren, touch, move; an etwas —, touch something; fich —, stir.

rund, round.

ruffifch, Russian.

rüften, equip; fich —, prepare.

rüftig, active.

S

Saal, *m.*, –(e)8, Säle, hall.

Saaltür, *f.*, –en, hall door.

Sache, *f.*, –n, thing, matter, affair.

fagen, say (bei fid, to oneself).

fämtlid, all; welde —, all of
which.

Sand, m., –(e)8, sand.

Sandweg, m., –(e)8, –e, sandy
road.

fanft, gentle, placid.

Sarg, m., –(e)8, ⁻e, coffin.

fatt, satiated, satisfied; — ma-
den, satiate.

Sat, m., –e8, ⁻e, jump, bound.

fauber, neat, clean.

fdaden, harm, hurt; (da8)
fdabet (gar) nidt8, no matter (at all).

Sdaden, m., –8, harm, dam-
age.

fdaffen, convey; work.

Sdafgrafung, f., –en, pasture-
ground for sheep.

Sdäldem, n., –8, –, cup.

fdallen, o, o, and regular,
sound, resound, ring.

fdämen, fid, be ashamed.

Sdande, f., shame, disgrace.

Sdandtat, f., –en, misdeed.

fdarf, sharp, shrill, sharply
defined.

fdärfen, sharpen.

Sdarren, n., –8, shuffling,
scraping.

fdauen, look (at), see.

Sdauen, n., –8, looking,
sights.

Sdaufelwurf, m., –(e)8, ⁻e,
throw of the shovel (spade),
shovelful (spadeful).

fdauluftig, sight-loving, sight-
seeing.

Sdauplat, m., –e8, ⁻e, scene
(of action).

Sdaufpiel, n., –(e)8, –e, spec-
tacle; drama, play.

Sdaufpielertruppe, f., –n,
company of actors.

Sdeibe, f., –n, (window-)
pane.

fdeiden, ie, ie, part, depart.

Sdeinarbeit, f., –en, semblance
of work, pretended work.

fdeinen, ie, ie, shine; seem.

Sdelmerei', f., –en, drollery,
roguishness.

fdelten, a, o, i, scold, abuse;
nickname, call; — auf, in-
veigh against.

fdenfen, give (as a present),
present.

fderen, o, o, clip.

Sderzwort, n., –(e)8, –e, jest-
ing word.

Sdid, m., –(e)8, style.

fdiden, send.

Sdidfal, n., –(e)8, –e, vicissi-
tude.

fdieben, o, o, shove, push.

Sdielen, n., –8, squinting.

fdießen, o, gefdoffen, shoot;
dart.

Sdilling, m., –(e)8, –e, schilling (about two cents), penny.

Sdimmel, m., –8, –, white
horse, gray horse.

Sdimpfwort, n., –(e)8, ⁻er
and –e, abusive word, in-
vective.

Sdirmmüte, f., –n, visor cap.

Sdladthau8, n., –e8, ⁻er,
slaughter house.

Schlaf, m., –(e)s, sleep.
schlafen, ie, a, ä, sleep.
schlaff, limp.
Schlafkammer, f., –n, bed-room.
Schlag, m., –(e)s, ⸚e, blow; mit einem —e, at one blow.
schlagen, u, a, ä, strike; clasp; throw; ring.
Schlägerei', f., –en, fight.
schlank, slender.
schlecht, bad, mean, poor.
schlenkern, swing (mit, obj. case).
Schleppkleid, n., –(e)s, –er, dress with a train.
schleudern, hurl.
schlicht, smooth, straight.
schließen, o, geschlossen, close, shut.
schließlich, finally.
schlimm, bad.
schlingen, a, u, wind, throw.
schluchzen, sob.
Schluchzen, n., –s, sobbing.
schlüpfen, slip, flit.
Schlüssel, m., –s, –, key.
Schlüsselbund, n., –(e)s, –e and ⸚e, bunch of keys.
schmackhaft, savory, relishable.
schmählich, wretched.
schmal, narrow.
schmausen, feast.
schmeicheln, flatter.
Schmerz, m., –es, –en, pain.
Schmetterlingspuppe, f., –n, chrysalis, nymph.
Schmidt, npr., –s, Schmidt.
Schmidt-Junge, m., –n, –n, Schmidt-boy.

schmiegen, sich, nestle (an, to).
Schnabel, m., –s, ⸚, beak, bill.
schnarren, jar, grate; —d, harsh.
schneiden, schnitt, geschnitten, cut.
Schneidergesell(e), m., –(e)n, –(e)n, journeyman tailor.
Schneiderherberge, f., –n, house of call for journeymen tailors, tailors' .lodging-house, tailors' inn.
schneidern, tailor, cut, make.
Schneiderwirt, m., –(e)s, –e, keeper of the house of call for tailors, tailors' inn-keeper.
schnell, quick.
Schnitt, m., –(e)s, –e, cut.
schnitzen, carve.
Schnitzmesser, n., –s, –, carving-tool.
Schnur, f., –en and ⸚e, string.
schnüren, tie, strap.
Scholle, f., –n, clod; spade-ful.
schon, already; surely, be sure to, certainly; even; lange —, long since.
schön, beautiful, fair, handsome, nice; —en Dank, many thanks; aufs —ste, most beautifully.
schonen, spare.
schöngemalt, beautifully painted.
Schönheit, f., –en, beauty.
Schoß, m., –es, ⸚e, lap.
schräg, slanting, sloping; — ansteigen, ascend gradually.

Schrank, m., -(e)s, ⸺e, ward-
robe.
Schrecken, m., -s, -, terror,
fright.
Schrei, m., -(e)s, -e, scream.
schreiben, ie, ie, write.
schreien, ie, ie, scream, screech.
schreiten, schritt, geschritten,
stride, walk.
Schrift, f., -en, writ; die Heilige
—, Holy Writ.
Schritt, m., -(e)s, -e, step,
pace.
Schuh, m., -(e)s, -e, shoe;
foot.
Schularbeit, f., -en, home-
work, lesson.
Schuld, f., -en, debt.
Schule, f., -n, school; aus der
—, from school; in die (or
zur —), to school.
Schulgeschichte, f., -n, school
anecdote.
Schulhof, n., -(e)s, ⸺e, school
yard.
Schulkamerad', m., -en, -en,
schoolmate, fellow-school-
boy.
Schulsack, m., -(e)s, ⸺e, school
bag, book satchel, knap-
sack.
Schulter, f., -n, shoulder.
Schulz(e), m., -(e)n, -(e)n,
village mayor.
Schürze, f., -n, apron.
Schüssel, f., -n, dish.
schütteln, shake.
Schutz, m., -es, protection.
Schütze, m., -n, -n, rifleman.
schützen, protect (vor, from).

Schützenbruder, m., -s, ⸺,
brother rifleman.
Schützenhaus, n., -es, ⸺er,
= Schützenhof.
Schützenhof, m., -(e)s, ⸺e, Rifle-
Club House.
Schützenhofsaal, m., -(e)s,
-säle, hall of the Rifle-Club
House.
schwach, faint, feeble.
schwarz, black (von, with),
dark, swarthy.
schwarzhaarig, black-haired.
schweben, be suspended, hang
(an, from).
schweigen, ie, ie, be silent; —d,
in silence.
Schweigen, n., -s, silence; zum
— bringen, silence.
Schwelle, f., -n, threshold.
schwer, heavy (von, with).
Schwerterspiel, n., -(e)s, -e,
play of swords.
Schwester, f., -n, sister.
Schwiegersohn, m., -(e)s, ⸺e,
son-in-law.
Schwiegervater, m., -s, ⸺,
father-in-law.
Schwierigkeit, f., -en, difficulty.
schwimmen, a, o, swim, float.
schwindsüchtig, consumptive,
hectic.
Schwung, m., -(e)s, ⸺e, swing,
vibrating motion; in —
bringen, cause to swing; set
going.
See, f., -n, sea; m., -s, -n,
lake.
Seele, f., -n, soul.

Seelenmesse, *f.*, –n, mass for the dead, requiem.

sehen, a, e, ie, see, look (at); nach einem —, look for one.

Sehnsucht, *f.*, longing, desire (nach, for).

sehnsüchtig, longing.

sehr, very, much.

seiden, silken.

Seidenläppchen, *n.*, –8, –, silk-scrap.

Seifersdorf, *npr. n.*, –8, see Notes 27, 14.

Seiltänzer, *m.*, –8, –, rope-dancer.

sein, his, her, its; Sein, your.

sein, war, gewesen, ist, be; *as auxiliary also*, have; es ist mir, als wenn . . ., it seems to me as if . . ., I feel as if . . .

seinige, der (die, das), his.

seit (*prep.*), since; for; (*conj.*) since.

Seite, *f.*, –en, side; an die —, to one side; nach der einen —, in one direction.

Seitenlehne, *f.*, –n, arm (of a bench).

Seitenwand, *f.*, ⸚e, side wall.

seitwärts, sideways, at the side; — an der Wand, along the side wall.

selber, myself, yourself, *etc.*

selbst, myself, yourself, *etc.*; even.

selbstgefällig, self-complacent.

selbstgeschnitzt, cut by oneself (himself), home-made.

Selbsttröstung, *f.*, –en, self-consolation.

selig, deceased, departed; *see* Notes 31, 15, 16.

selten, rare.

seltsam, strange, odd; strange to say.

seltsamerwei'se, strange to say.

senden, sandte, gesandt, *and reg.*, send.

senken, drop, lower; sich —, sink.

Septem'ber, *m.*, –8, –, September.

Septem'bernach'mittag, *m.*, –(e)8, –e, afternoon in September.

seßhaft, settled.

setzen, set, place, seat; sich —, sit down.

seufzen, sigh.

sich, himself, herself, themselves, yourself, *etc.*; each other.

sicher, safe, certain; — wissen, know for certain.

sie, she; they.

sieben, seven.

Siegfried, *npr. m.*, –8, Siegfried.

siehe, behold, lo!

Silber, *n.*, –8, silver.

silberbesetzt, silver-trimmed.

Silberflitter, *f.*, –n (*usually m.*, –8, –), silver tinsel.

silbergestickt, silver-embroidered.

silbern, silver(-white), of silver.

singen, a, u, sing.

Singen, n., –8, singing; mit dem — geht es schön, the singing is a success.

sinken, a, u, sink, drop, fall.

Sinn, m., –(e)8, –e, sense, mind; einem ist zu —e, one feels.

sinnen, a, o, meditate; —d, musing, pensive.

Sitz, m., –e8, –e, seat.

sitzen, saß, gesessen, sit, be spread (vor, on).

so, so, thus, like this, to such a degree, so much; then; such; — ein, such a; — etwas, such a thing; — sehr (*with dependent word-order*), much as, however much.

soe'ben, just now.

Soffit'te, f., –n, see Notes 72, 20.

sofort', at once.

sogar', even.

sogenannt, so-called.

sogleich', at once, immediately.

Sohn, m., –(e)8, –e, son.

solang(e), as long as, as far back as.

solch, such; ein —er, such a.

sollen, sollte, gesollt, soll, be to, shall; can.

Sommer, m., –8, –, summer; *see also* sommers.

Sommerabend, m., –8, –e, summer evening.

sommers, of a summer, in summer.

sonderbar, strange, odd.

sondern, but.

Sonnabendnachmittag, m., –(e)8, –e, Saturday afternoon.

Sonne, f., –n, sun.

sonnig, sunny.

Sonntag, m., –(e)8, –e, Sunday.

Sonntagabend, m., –8, –e, Sunday evening.

Sonntagnachmittag, m., –(e)8, –e, Sunday afternoon.

Sonntagssechsling, m., –(e)8, –e, *see* Notes 46, 15.

sonst, otherwise, in other respects; formerly; usually.

sorgen, take care, see (to it); worry.

sorgsam, careful.

Souffleu'se (*pronounce* eu=ö), f., –n, (female) prompter.

soviel, so much.

soweit, far as, however far.

sowohl, as well; — . . ., als auch, . . . as well as, both . . . and.

Spalte, f., –n, crack, fissure.

Spanne, f., –n, short space.

spärlich, scanty.

Sparpfennig, m., –(e)8, –e, little savings, money laid by for a rainy day.

sparsam, scanty.

Spaß, m., –e8, –e, joke, jest; keinen — verstehen, be not to be trifled with.

Späßchen, n., –8, –, little joke, little jest.

spaßen, joke, jest; nicht —, be not to be trifled with.

spät, late.

Spaten, *m.*, -s, -, spade.

Spätsommer, *m.*, -s, -, latter part of summer.

spazieren, take a walk; walk; — gehen, take a walk.

Spazier'weg, *m.*, -(e)s, -e, promenade.

Speise, *f.*, -n, dish, food.

Sperling, *m.*, -(e)s, -e, sparrow.

Spiel, *n.*, -(e)s, -e, play.

spielen, play.

Spieß, *m.*, -es, -e, pike, spear.

Spinn'maschi'ne, *f.*, -n, spinning-jenny.

Spitzbube, *m.*, -n, -n, thief.

spitzbübisch, thievish.

Sprache, *f.*, -n, language, speech.

sprechen, a, o, i, speak; be manifest (aus, in).

springen, a, u, leap, jump; einem in die Augen —, stare one in the face.

Spur, *f.*, -en, trace, sign.

Stab, *m.*, -(e)s, -e, rod, bar, spindle.

Stäbchen, *n.*, -s, -, little stake.

Stadt, *f.*, -e, town.

Stadtausrufer, *m.*, -s, -, town crier.

Stadt'mu'sikus, *m.*, -, -musizi, musician by municipal appointment, town musician.

stark, strong, loud.

starr, stiff, motionless.

starren, stare.

statt, instead; — ... zu (*and*

infinitive), instead of (*with gerund*).

stäuben, fly about, be dusty; —d, flying.

stecken, put (forth), place; be contained.

stehen, stand, gestanden, stand (at); stand still; be; be written, be printed; stop.

Stehen, *n.*, -s, standing; zum — sein, be standing-room, contain standing-room.

stehlen, a, o, ie, steal.

steif, stiff, rigid, severe.

Steig, *m.*, -(e)s, -e, path, sidewalk.

steigen, ie, ie, climb.

steil, steep.

Stein, *m.*, -(e)s, -e, stone; burden, load; einem ist ein — vom Herzen gefallen, a weight has been lifted off one's mind.

Steinhof, *m.*, -(e)s, -e, paved courtyard.

Stelle, *f.*, -n, place, spot; an jemandes —, in somebody's place.

stellen, place; sich —, take one's place.

Stellung, *f.*, -en, position.

stemmen, place firmly (in, on), brace (in, against).

sterben, a, o, i, die (an, of).

stets, always.

Stiefel, *m.*, -s, -, boot.

Stieg = Stiege, *see* Notes 63, 22.

Stiege, *f.*, -n, score.

stieren, stare (auf, at).

Stift, *m.*, -(e)s, -e, pencil; farbiger —, crayon, pastel.

still, stille, still, silent; quiet; im —en, secretly, in silence; — werden, stop.

Stille, *f.*, stillness, silence; in der —, quietly, privately.

stillen, still, appease, quench.

still'sitzen, sit still.

still'stehen, stand still.

Stimme, *f.*, -n, voice; mit ... —, in a ... voice.

stimmen, accord (zu, with).

Stirn, *f.*, -en, forehead, brow.

Stock, *m.*, -(e)s, -e, story (of a house).

stocken, stop.

Stockwerk, *n.*, -(e)s, -e, story, floor.

stören, disturb.

störrig, stubborn.

Stoß, *m.*, -es, -e, hit, butt; einen — erhalten, be butted.

stoßen, ie, o, ö, knock, strike (auf, against); dash (auf, at); sich —, knock (an, against).

Strafe, *f.*, -n, punishment.

strählen, comb.

Strähne, *f.*, -n, lock of hair.

Strandvogel, *m.*, -s, -, shore bird.

Straße, *f.*, -n, street.

Straßenpflaster, *n.*, -s, -, (street) pavement.

streben, strive, endeavor.

strecken, stretch.

Streich, *m.*, -(e)s, -e, (mean) trick.

streicheln, stroke.

streichen, i, i, stroke (über, *obj. case*); sweep, be wafted.

streifen, sweep (über, *obj. case*).

Streifen, *m.*, -s, -, strip, band; streak, beam.

streng(e), severe, strict.

Stricken, *n.*, -s, knitting.

Strohhut, *m.*, -(e)s, -e, straw hat.

Stübchen, *n.*, -s, -, small room, cozy room.

Stube, *f.*, -n, sitting-room.

Stück, *n.*, -(e)s, -e, piece, play.

Stückchen, *n.*, -s, -, small piece.

Studieren, *n.*, -s, studying.

Stübium, *n.*, -s, Studien, study.

Stuhl, *m.*, -(e)s, -e, chair.

stumm, silent, still.

Stündchen, *n.*, -s, -, short hour; halbes —, short half hour.

Stunde, *f.*, -n, hour.

Sturm, *m.*, -(e)s, -e, storm.

stürmisch, stormy.

stürzen, rush, stream.

Sub'ret'tor, *m.*, -s, Subrettö'ren, *see* Notes 1, 4.

suchen, seek, try, look for.

süddeutsch, South German.

Süderstraße, *f.*, South Street.

summen, hum, buzz.

Sünder, *m.*, -s, -, sinner.

Susanna, *npr. f.*, -s, Susannah.

Susanne, *npr. f.*, -s, Susan, Susannah.

Szene (Sz=sz), *f.*, -n, scene.

X

Tafel, *f.,* –n, slate; blackboard.

Tag, *m.,* –(e)s, –e, day; eines —es, one day; an den — kommen, come to light.

Tageshelle, *f.,* (bright) light of day.

Tageslicht, *n.,* –(e)s, daylight, light of day.

Talar', *m.,* –(e)s, –e, gown.

Talglicht, *n.,* –(e)s, –er *and* –e, tallow candle.

Tannenwald, *m.,* –(e)s, ̈er, fir forest.

tanzen, dance.

Tänzer, *m.,* –s, –, dancer.

Tasche, *f.,* –n, pocket.

Taschenspieler, *m.,* –s, –, juggler.

Tasse, *f.,* –n, cup.

Tat, *f.,* –en, deed; in der —, indeed, in reality.

Tätigkeit, *f.,* –en, activity.

täuschen, deceive; —d, true to life.

tausend, a thousand.

Teil, *m.* (*n.*), –(e)s, –e, part; zum —, in part.

teilen, share.

Teilnahme, *f.,* sympathy.

Tendler, *npr.,* –s, –s, Tendler.

Tendlersch, of the Tendlers; die —en Eheleute, the Tendler couple.

Teppich, *m.,* –(e)s, –e, rug.

Teufel, *m.,* –s, –, devil.

Teufelchen, *n.,* –s, –, small devil.

teuflisch, devilish.

Thea'ter, *n.,* –s, –, theater.

Thea'ter-Apparat', *m.,* –(e)s, –e, theatrical apparatus.

Thea'tergerüst, *n.,* –(e)s, –e, frame (of the puppet-show).

There'schen, *npr. n.,* –s, (dear) Theresa.

There'se, *npr. f.,* Theresa.

Thermome'ter, *n.,* –s, –, thermometer.

tief, deep; remote.

Tiefe, *f.,* –n, depth; background; deep tones.

Tierarzt, *m.,* –(e)s, ̈e, horse-doctor, veterinarian.

Tierbändiger, *m.,* –s, –, tamer of animals, tamer of wild beasts.

Tierfell, *n.,* –(e)s, –e, animal skin, doeskin.

Tisch, *m.,* –(e)s, –e, table; counter.

Tischkasten, *m.,* –s, –, table drawer.

Titel, *m.,* –s, –, title.

Tochter, *f.,* ̈, daughter.

Tochterauge, *n.,* –s, –n, filial eye.

Töchterchen, *n.,* –s, –, little daughter.

Tod, *m.,* –(e)s, death.

Todesangst, *f.,* ̈e, mortal anguish.

tölpelhaft, clumsy, loutish, blundering.

Ton, *m.,* –(e)s, ̈e, tone, sound.

tönen, resound.

tonlos, feeble; in a feeble voice.

Tor, *n.*, –(e)8, –e, (town) gate.

töricht, foolish, silly.

tot, dead; die Tote, the dead woman; die Toten, the dead.

Totenwetter, *n.*, –8, –, execrable weather.

traben, trot.

tragen, u, a, ä, bear, carry; Verlangen —, harbor a desire (nach, for).

Träne, *f.*, –n, tear.

Trappeln, *n.*, –8, pattering (mit, of).

trauen, unite in marriage.

traulich, cozy, comfortable.

Traum, *m.*, –(e)8, ⁻e, dream.

träumen, dream; mir träumt, *see* Notes, **36**, 18.

traurig, sad.

Trauzeuge, *m.*, –n, –n, marriage witness.

treffen, traf, o, i, hit, strike, befall, find.

trefflich, excellent.

treiben, ie, ie, drive, chase.

Treiben, *n.*, –8, doings, life.

trennen, separate.

Treppe, *f.*, –n, staircase, stairs.

Treppenstein, *m.*, –(e)8, –e, stair-stone, step-stone.

Tresse, *f.*, –n, lace.

treten, a, e, tritt, step, walk; näher —, approach; vor . . . —, appear before . . .

treu, faithful, loyal.

treulos, faithless, treacherous.

trinken, a, u, drink, take a drink.

trocken, dry; im trocknen sein, be high and dry, be safe.

Trödelweib, *n.*, –(e)8, –er, woman dealing in second-hand goods, old-clothes woman.

Trompe'te, *f.*, –n, trumpet.

Trompe'tenton, *m.*, –(e)8, ⁻e, sound of a trumpet.

Tropfen, *m.*, –8, –, drop.

Trost, *m.*, –(e)8, consolation.

tröstlich, comforting.

trotz (*with gen. or dat.*), in spite of, notwithstanding.

trotzig, obstinate.

trüb, dismal, dull.

trübselig, gloomy.

Trumpf, *m.*, –(e)8, ⁻e, trump; einen — daraufsetzen, take a firm stand, put one's foot down, take the bull by the horns.

Trunk, *m.*, –(e)8, ⁻e, drink.

Trupp, *m.*, –(e)8, –8, troop.

Tüchelchen, *n.*, –8, –, small neckerchief.

tüchtig, respectable.

Tüchtigkeit, *f.*, proficiency.

Tumult', *m.*, –(e)8, –e, tumult.

tun, tat, getan, do, act.

Tür, *f.*, –en, door.

Türhaken, *m.*, –8, –, door-hook.

Turm, *m.*, –(e)8, ⁻e, tower.

Tüte, *f.*, –n, paper bag.

u

über, (*dat.*) over, across, above, on account of; (*acc.*) over, across, after, concerning; den ganzen Tag —, the whole day long.

überall, everywhere.

überbieten, surpass.

überdecken, cover.

überdies', moreover.

übereilt', precipitate, rash.

überein'kommen, agree.

übereist', covered with ice, frozen over.

überhaupt', in general.

überkommen, receive (as an inheritance).

überlassen, leave.

überleben, survive; ich werde es nicht —, it will be my death-blow.

überragen, tower above.

übers = über das.

ü'bersinken, sink over.

übersteigen, exceed, surpass.

übertragen, entrust.

überwachen, watch over; watch for, guard against.

übrig, remaining; im —en, for the rest.

Übung, f., –en, practice, discipline, training.

Uhr, f., –en, watch, clock; o'clock.

um, around, about; with; at; by; for; — mich her, around me; — ... zu, in order to.

Umblick, m., –(e)s, –e, glance back, looking round.

um'drehen, turn about.

Umfas'sungsmauer, f., –n, (in-closure-)wall.

umgeben, surround.

Umge'bung, f., –en, surroundings.

umher'gehen, walk about.

umher'klettern, climb about.

umher'stehen, stand about.

umher'ziehen, rove, stroll.

umhin'können; ich kann nicht umhin, etwas zu tun, I cannot help doing something, I cannot but do something.

um'kehren, turn back.

Umschlagetuch, n., –(e)s, ⁻er, shawl.

um'sehen, sich, look around, look round, look back.

Umsehen, n., –s, looking back; im —, in a trice, in no time.

umsonst', in vain.

um'wenden, sich, turn about.

unbehaglich, uncomfortable, embarrassing.

unbekannt, unknown.

unbequem, inconvenient, embarrassing.

unbewandert, inexperienced, unskilled.

unbeweglich, motionless, in-flexible.

und, and.

undicht, not air-tight, leaky.

undurchdring'lich, impenetrable.

unentbehr'lich, indispensable.

unerhört', unheard-of.

unerreich'bar, unattainable, in-accessible.

Unfug, m., –(e)s, mischief, disturbance, misconduct.

ungefähr, approximately.

ungeheuer, monstrous.

ungeschickt, unskilled.

ungestüm, impetuous.

Unglück, n., –(e)s, misfortune; zum —, unfortunately.

unglückselig, unfortunate, disastrous.

Unheil, n., –(e)s, mischief; evil, disaster.

unheimlich, uncanny; mir wird —, I begin to feel uneasy.

Unkraut, n., –(e)s, ⸚er, weeds.

unlauter, impure, ignoble.

unlieb, disagreeable.

unnütz, good-for-nothing.

Unrecht, n., –(e)s, wrong; unrecht haben, be wrong.

Unruhe, f., –n, uneasiness, agitation.

unschlüssig, undecided, wavering.

Unschuld, f., innocence.

unschuldig, innocent.

unser, our.

unsinnig, mad.

Untat, f., –en, misdeed.

unten, below; — aus unserem Hause, from the lower part of our house; — von der Straße, from the lower end of the street; einen von — ansehen, look at one doubtingly.

unter, under, beneath, below; from under, from beneath; between; amid, among, with.

unterbrechen, interrupt.

un'terbringen, house, lodge; store.

Unterhaltungsbuch, n., –(e)s, ⸚er, (pl.) light reading.

unterirdisch, underground.

Unterkleid, n., –(e)s, ⸚er, under garment.

Unterkommen, n., –s, shelter.

unterlassen, omit, fail.

Unterlippe, f., –n, under-lip.

unternehmen, undertake.

un'terschlagen, cross.

un'terstellen, place under (something).

untersuchen, examine.

unterzeichnen, sign.

unverkenn'bar, unmistakable.

Unvernunft, f., unreasonableness.

unverschämt, impudent, brazen.

unverwandt, immovable.

unweit, not far.

Unwetter, n., –s, –, bad weather, stormy weather, storm.

unwillkür'lich, involuntary.

V

Vagabund', m., –en, –en, vagabond.

Vater, m., –s, ⸚, father.

Väterchen, n., –s,–, dear father.

Vaterhaus, n., –es, ⸚er, paternal home, paternal roof.

väterlich, paternal; the father's.

Vater-Papa', m., –s, father-papa.

Vaterstadt, f., ⸚e, native town.

Vaterun'ser, n., –s, –, Lord's Prayer.

verabreichen (accent on second syllable), hand over.

verändern, change.

veranlassen (*accent on second syllable; weak and inseparable*), cause, induce..

Veran'schaulichung, *f.*, –en, demonstration.

verbergen, a, o, i, hide, conceal; sich —, hide, be hidden.

verbinden, ally.

verbitten, sich (*dat.*) etwas, insist on a person's refraining from (doing) something, tell a person to discontinue something.

verbreiten, spread.

Verdacht, *m.*, –(e)s, suspicion.

verdammen, damn.

verdecken, cover, hide.

verdeutschen, translate into German, make plain.

Verdienst, *m.*, –(e)s, gain, profit.

verdrehen, wrench, distort.

Verdruß, *m.*, –drusses, vexation, annoyance.

vereiteln, frustrate, baffle.

verfallen, dilapidate.

verfehlen, fail.

Verfertiger, *m.*, –s, –, maker.

verfolgen, pursue.

verführerisch, seductive, contagious.

vergebens, in vain, to no purpose.

vergehen, pass away, pass by; vergangen, past.

vergessen, vergaß, e, vergißt, forget.

vergnügt, joyous, cheerful, gleeful.

Vergnügung, *f.*, –en, amusement, entertainment.

vergönnen, grant, permit.

Verhältnis, *n.*, –nisses, –nisse, relation; im — zu, compared with.

Verhei'ratung, *f.*, –en, marriage.

verheißen, promise.

Verheißung, *f.*, –en, promise.

Verhör, *n.*, –(e)s, –e, (judicial) examination, hearing.

Verkauf, *m.*, –(e)s, -e, sale.

verkaufen, sell.

Verkehr, *m.*, –(e)s, intercourse, connection, association.

Verkleidung, *f.*, –en, wainscoting; hangings.

verklommen, stiff, benumbed.

verkommen, become depraved.

verkünden, announce, proclaim.

verkündigen, announce, proclaim.

Verkündigung, *f.*, –en, announcement.

Verlangen, *n.*, –s, longing, desire; — tragen, harbor a desire (nach, for).

verlassen, leave.

Verlassenheit, *f.*, forlornness.

verlaufen, sich, disperse.

verlegen, embarrassed; in embarrassment.

verlieren, o, o, lose; sich —, be lost; der verlorene Sohn, *see* Notes **54**, 25.

verlumpt, ragged; depraved.

vermissen, miss.

vermögen, be able to.

Vermögen, *n.*, –8, –, fortune, property, means.
vermutlich, presumable.
vernarrt, smitten (in, with).
vernichten, annihilate, crush.
verpachten, let (on lease); lease (zu, for *or* as).
Verpacken, *n.*, –8, packing.
verquer, *see* Notes 16, 26.
verraten, ie, a, ä, betray, divulge.
verrichten, perform, execute.
versammeln, assemble.
verschieben, displace; sich —, be displaced.
verschießen, o, verschossen, fade.
Verschlag, *m.*, –(e)8, ˝e, compartment.
verschleudern, squander, waste.
verschließen, o, verschlossen, lock up.
verschweigen, pass over in silence, suppress.
verschwinden, a, u, disappear.
verschwören, u *and* o, o, sich, bind oneself by an oath.
versehen, sich, be aware (*gen.*, of).
versetzen, transplant, shift; rückwärts —, carry back.
versichern, protest, assert; assure (einem, one).
versprechen, promise.
Verspruch, *m.*,–(e)8, betrothal, engagement.
verständlich, intelligible.
verstehen, understand, know (how); sich auf etwas —, be expert at something, be accustomed to something;

sich zu etwas —, agree to something; es versteht sich von selbst, *see* Notes 32, 25; keinen Spaß —, be not to be trifled with.
versteigern, sell (by auction), auction off (um, at).
versterben, die; verstorben, deceased; Verstorbene, deceased people.
verstreichen, expire.
verstummen, become silent, cease.
versuchen, attempt, try.
versündigen, sich, offend (an, against), sin (an, against), wrong (an, *obj. case*).
vertieft, absorbed.
Vertrag, *m.*, –(e)8, ˝e, pact.
Vertrauen, *n.*, –8, confidence, feeling of confidence; zu einem — fassen, place confidence in one.
vertraulich, familiar, amicable.
vertun, squander.
verwechseln, mistake (mit, for), mix up.
verweilen, tarry, stay.
verwinden, a, u, get over, recover from.
verwirren, confuse.
verworfen, depraved, vile.
verzaubern, enchant.
verzehren, consume, eat.
verzeihen, ie, ie, pardon.
Verzeihung, *f.*, –en, pardon.
Vesperzeit, *f.*, –en, supper time; *see* Notes 64, 21.
Viehchen, *n.*, –8, –, (little) beast; wretch.

viel, much; many.

vielfach, frequently, a good deal.

vielleicht', perhaps.

vielmehr', rather.

vier, four.

viereckig, quadrangular.

viert, fourth.

Viertelstun'de, f., –n, quarter of an hour.

vierundzwanzig, twenty-four.

vierzehn, fourteen; — Tage, see Notes 65, 7.

vierzig, forty.

Vogel, m., –s, ⸚, bird.

Vogelnest, n., –(e)s, –er, bird's nest.

Vogelscheuche, f., –n, scarecrow.

Vogelstimme, f., –n, birdlike voice.

Volk, n., –(e)s, ⸚er, people.

Volksstamm, m., –(e)s, ⸚e, tribe, race.

voll, full, complete; —(er), full of, see Notes 9, 15.

völlig, entire.

voll'schenken, fill.

vollziehen, carry out.

vom = von dem.

von, of, about, concerning, from, by; — ... aus, from; — ... her, from.

vonnö'ten, needful, necessary.

vor, (dat.) before; in front of; in; at; ago; for, with, from; (acc.) before, outside, up to.

voran', ahead.

voraus'laufen, run ahead.

vorbei', past, by; an ... —, past, by.

vorbei'gehen, pass (by).

vorbei'rennen, run past.

vorderst, front-.

vor'drängen, press forward, push forward.

vor'dringen, advance.

vor'enthalten, withhold, keep back (dat., from); — bleiben, be withheld.

Vorgang, m., –(e)s, ⸚e, incident.

vor'gehen, go on, take place.

vorhan'den, on hand.

Vorhang, m., –(e)s, ⸚e, curtain.

vorher', before.

vorhin', a short while ago, see Notes 8, 14; (=vorher), before.

vorig, last.

vor'kommen, appear.

vorläufig, for the present.

vor'lesen, read aloud.

vorm = vor dem.

Vormittag, m., –(e)s, –e, forenoon.

vormittags, in the forenoon.

vorn, in front; forward; nach —, forward.

vor'nehmen, undertake; sich (dat.) —, make up one's mind.

Vorschein, m., –(e)s, appearance; zum — kommen, come to light, appear.

vor'schreiben, prescribe.

vor'stellen, perform; represent.

Borſtellung, f., –en, performance.

vor'ſtrecken, stretch forward,
protrude.

vorü'bergehen, pass by; pass
(an, by).

vorü'berziehen, pass by (an,
obj. case).

vor'zeigen, show, display.

W

wachſen, u, a, ä, grow.

wackeln, totter, wabble, reel;
mit dem Kopfe (Kinne) —,
wag one's head (chin).

wacker, gallant.

Wägelchen, n., –s, –, (little)
cart.

Wagen, m., –s, –, carriage,
cart.

wagen, venture, dare.

Wagner, npr., –s, Wagner.

Wagnis, n., –niſſes, –niſſe,
risky undertaking.

Wahl, f., –en, selection.

wählen, choose, select.

wahr, true; nicht —? is it not
so?

während, while.

Wahrheit, f., –en, truth.

Wams, n., –es, ⸚er, doublet.

Wand, f., ⸚e, wall.

wandeln, walk, stroll.

Wanderjahr, n., –(e)s, –e, year
of travel.

wandern, wander, travel.

Wandern, n., –s, wandering.

Wanderſchaft, f., –en, traveling.

Wange, f., –n, cheek.

wanken, stagger, totter.

wann, when; dann und —, now
and then.

wappnen, arm.

warm, warm; — ſtellen, see
Notes 17, 3, 4.

warnen, warn.

warten, wait (auf, for).

warum, why.

was, what; which; (=etwas)
something; (=warum) why;
— . . . auch, whatever; —
(. . .) für, what; alles, —, all
that.

Wechſel, m., –s, –, alternation.

wechſeln, alternate.

Wechſelrede, f., –n, alternating speech, dialogue.

weder, neither; — . . . noch,
neither . . . nor.

Weg, m., –(e)s, –e, way, road;
ſich auf den — machen, start,
set out.

weg, away, gone.

wegen, on account of; von —,
on account of.

Weh, n., –(e)s, woe, pain; einem weh tun, hurt one, pain
one.

weh, woe!

wehen, flutter, wave.

Wehen, n., –s, waving, tremb-
ling.

Weib, n., –(e)s, –er, woman,
wife, female.

Weiberrock, m., –(e)s, ⸚e, pet-
ticoat.

weich, soft, tender, gentle.

weil, because.

Weilchen, *n.*, –s, short while.
Weile, *f.*, –n, while, time.
weinen, cry, weep.
Weinen, *n.*, –s, weeping.
Weinlaub, *n.*, –(e)s, vine leaves.
weisen, ie, ie, point (auf, nach, to); mit dem Finger —, point one's finger.
Weisheitszahn, *m.*, –(e)s, ⸚e, wisdom tooth.
weiß, white.
Weiße, *npr.*, –s, *see* Notes 42, 22.
Weißesch, Weisse's.
weißgekalkt, whitewashed.
Weisung, *f.*, –en, direction, order.
weit, far, distant; long; bei —em, by far; —er, farther, further; older; noch drei —ere, three additional.
wei'terarbeiten, work on, keep working.
wei'terberichten, continue one's report (*or* story).
Weiterfahrt, *f.*, –en, continuation of a journey.
wei'terfliegen, fly farther.
wei'terfragen, keep asking.
Weiterreise, *f.*, –n, continuation of a journey.
wei'terrücken, advance.
wei'terschreiten, stride on.
wei'terspielen, sich, continue.
wei'tertasten, sich, grope one's way.
Weiterziehen, *n.*, –s, continuation of a journey.
weither, *see* Notes 60, 17.

welch, which.
Welt, *f.*, –en, world.
Wendeltreppe, *f.*, –n, winding stairs.
wenden, wandte, gewandt, *and* reg., turn; sich —, turn.
wenig, little; —e, (a) few.
wenigstens, at least; at all events.
wenn, if; when, whenever; — auch, even if, although.
wer, who; whoever, (he) who.
werden, wurde (ward), o, wird, become; be; come; turn, return; mir wird . . . (zu mute), I begin to feel . . .
werfen, a, o, i, throw.
Werk, *n.*, –(e)s, –e, work.
Werkstatt, Werkstätte, *f.*, ⸚(e)n, workshop.
wertvoll, valuable.
wesentlich, essential.
West, *m.*, –es, –e, west.
Weste, *f.*, –n, waistcoat.
Westentasche, *f.*, –n, waistcoat pocket.
wichtig, important.
wickeln, wrap up.
wi'derhallen, reëcho.
Widerreden, *n.*, –s, *see* Hin- und Widerreden.
Widerspruch, *m.*, –(e)s, ⸚e, contradiction.
widerwärtig, disgusting, repugnant.
wie, how; as; like; as if; — . . . auch, howsoever.
wieder, again; back, in return.
wiederauf'wachen, reappear.
wie'derbeginnen, begin again.

wie'bererſcheinen, reappear.
wie'berhaben, have back again.
wiederholen, repeat; wiederholt', repeatedly.
wie'berlehren, return.
wie'berlommen, return, come back.
wie'berniden, nod in return.
wie'berrufen, shout in return, shout back.
wie'berſehen, see again.
wiederum, again.
wild, wild, furious, fierce; confused; gewaltig — tun, act like a raving madman.
Wille, m., –ns, will; intention(s).
willlom'men, welcome.
Wind, m., –(e)s, –e, wind.
Windeshauch, m., –(e)s, –e, breath of wind, breeze.
windriſſig, full of cracks.
Winkel, m., –s, –, corner.
winken, beckon; invite.
Winter, m., –s, –, winter.
Winterkälte, f., cold of winter.
wir, we.
wirklich, real(ly), actual(ly).
wirkungsvoll, effective.
Wirt, m., –(e)s, –e, landlord, innkeeper.
wirtſchaften, rummage, busy oneself, work.
Wirtshaus, n., –es, –er, public house.
wiſchen, wipe.
wiſſen, wußte, gewußt, weiß, know; remember.
Wiſſen, n., –s, knowledge.
Witwe, f., –n, widow.

Witz, m., –es, –e, joke; einen — machen, crack a joke.
wo, where; when; — . . ..immer, wherever, whenever.
wobei', at which, in which, see Notes 26, 4.
Woche, f., –n, week.
Wochenblättchen, n., –s, –, (local) weekly newspaper.
wohin', whither, where.
wohl, well; possibly, I suppose; indeed; readily.
wohlehr'ſam, highly (or most) honorable, highly (or most) respectable.
wohlgeachtet, highly esteemed.
wohlgefällig, well-pleasing.
wohlgefüllt, well-filled.
wohlgemeint, well-meant.
wohlgezielt, well-directed.
wohlverpackt, well-packed up.
wohnen, dwell, live.
Wohnstube, f., –n, sitting-room, living-room.
Wohnung, f., –en, dwelling, residence.
Wölbung, f., –en, vaulting, vault, arch.
Wolkenbank, f., –e, bank of clouds, layer of clouds.
Wolkenhülle, f., –n, covering of clouds, cloud mantle.
wollen, wollte, gewollt and wollen, will, want, intend, be willing, be about to, be going to, will.
wollen, woolen.
womög'lich, possibly.
wonach', for which.
worau', on which, of which.

worauf', upon which, on which; to which.

Wort, n., –(e)s, ⸗er and ⸗e, word.

wortkarg, taciturn.

worü'ber, over which; at which.

wovon', whereof, of which.

wozu', to which, for which.

wuchern, grow luxuriantly.

wunderbar, wonderful.

Wundertempel, m., –s, –, magic temple, magic palace.

wünschen, wish.

würdevoll, dignified.

würdig, dignified.

Wurf, m., –(e)s, ⸗e, throw.

Wurst, f., ⸗e, sausage.

würzen, spice, season.

würzig, piquant.

wüst, disorderly, confused, desolate; ugly.

3

zag, faint-hearted.

zahlen, pay.

Zahn, m., –(e)s, ⸗e, tooth.

Zähnchen, n., –s, –, (little) tooth.

Zähneklappern, n., –s, chattering of teeth; gnashing of teeth.

Zank, m., –(e)s, quarrel.

zart, delicate, soft.

zärtlich, tender, loving.

Zauber, m., –s, spell, charm, enchantment.

Zaubermantel, m., –s, ⸗, magic cloak.

Zeche, f., –n, bill.

Zeichen, n., –s, –, sign, see Notes 39, 17.

zeichnen, draw, sketch.

zeigen, show, point out; sich —, be shown, be seen, prove.

Zeit, f., –en, time.

Zeitlang, eine, for a time.

Zeitvertreib, m., –(e)s, ⸗e, pastime.

Zelle, f., –n, cell.

zerstören, destroy.

Zerstreuung, f., –en, absent-mindedness.

zetern, see Notes 55, 8, 9.

Zeug, n., –(e)s, ⸗e, stuff.

Ziegenbock, m., –(e)s, ⸗e, he-goat.

Ziegengrasung, f., –en, pasture-ground for goats.

ziehen, zog, gezogen, draw, pull; auf sich —, attract; intr., move.

zielen, tend (dahin, to that), aim (dahin, at that).

ziemen, sich, be fitting.

ziemlich, considerable; tolerably, rather.

Zimmer, n., –s, –, room.

Zimmerdecke, f., –n, ceiling.

zimmern, carpenter.

Zins, m., –es, –en, interest.

zittern, tremble.

zögern, hesitate.

Zorn, m., –(e)s, anger.

zornig, angry.

zu, to, towards; at; on; for; amid; (adv.) too; (conj.) to, in order to.

zu'bringen, spend; give (in marriage).

zu'brängen, fich, crowd (dat., towards), push on (dat., towards).

zu'bringlich, importunate, impertinent; eine Zubringliche, an importunate person, an intruder.

zu'brücken, close.

zu'fliegen, fly (auf, towards).

zufrie'ben, satisfied, contented, in contentment.

Zug, m., –(e)ß, ‑e, feature.

Zugbrücke, f., –n, drawbridge.

zuge'gen, present.

zu'gehen, happen, pass; es follte schlimm —, it would be a strange thing.

Zügel, m., –ß, –, bridle.

Zügellofigkeit, f., –en, licentiousness.

zugleich', at the same time, together.

zugrun'be gehen, perish.

Zugwind, m., –(e)ß, –e, draught.

Zu'jauchzen, n., –ß, shouts of greeting, acclamation.

zuletzt', finally, at last.

zum = zu bem.

zumal', especially; (= — ba), especially as.

zumu'te, at heart; mir wirb —, see Notes 18, 27; 19, 1.

zunächst', nearest.

Zu'neigung, f., –en, affection, attachment.

zunftberechtigt, privileged because belonging to the same guild, legitimate.

Zunftgebrauch, m., –(e)ß, ‑e, custom of guilds, practice of guilds.

Zunftgefetz, n., –eß, –e, guild statute.

Zunftmeifter, m., –ß, –, master of a guild.

zu'nicken, nod (dat., to).

zupfen, tug, pull (an, by).

zur = zu ber.

zurecht'bringen, rearrange.

zurecht'fchneibern, make over.

zurecht'weifen, reprove.

zu'reiten, ride up (auf, to).

zu'richten, prepare, make ready.

zurück', back.

zurück'bleiben, remain behind, remain at home.

zurück'blicken, look back.

zurück'halten, hold back, retain.

zurück'kaufen, buy back.

zurück'kehren, return.

zurück'klingen, sound back, re-echo; bumpf klang eß . . . zurück, a hollow sound came back (was heard) . . .

zurück'kommen, come back, go back, revert (auf, to).

zurück'lehnen, fich, lean back.

zurück'müffen, be obliged to go back.

zurück'fchlagen, throw back.

zurück'treten, step back.

zurück'weifen, send back, repel, repulse.

zurück'wenben, turn back.

zurück'ziehen, draw back.

zu'fagen, be to one's taste, agree with one; —b, acceptable.

zuſam'men, together.

Zuſam'mengehören, *n.*, –s, homogeneousness, mutual association.

zuſam'menhalten, hold together.

Zuſam'menhang, *m.*, –(e)s, ⁻e, connection.

zuſam'menfauern, cower; zuſammengefauert, cowering.

zuſam'menfommen, happen to have dealings.

zuſam'menframen, gather up.

zuſam'menpaden, pack together.

zuſam'menſchlagen, strike together, clap.

zuſam'menſchränfen, fold, cross.

zuſam'menſißen, sit together.

zu'ſchauen, look on (*dat.*, at); witness.

Zu'ſchauer, *m.*, –s, –, spectator; *pl. also* audience.

Zu'ſchauerraum, *m.*, –(e)s, ⁻e, space for the audience.

zu'ſchlagen, slam, bang.

zu'ſchreiten, step (auf, towards).

zu'ſehen, look (einem, at one), watch (einem, one).

zu'ſteuern, steer (nach, for).

zu'ſtürzen, rush (auf, towards).

zuteil' werden, fall to one's lot *or* share.

zu'träglich, beneficial.

zu'treten, come up (auf, to).

Zutritt, *m.*, –(e)s, access, admission.

Zuverſicht, *f.*, confidence, complete conviction.

zuwei'len, at times.

zwanzig, twenty.

zwar, it is true, to be sure.

zwei, two.

zweiräbrig, two-wheeled.

zweiſtödig, two-storied.

zweit, second.

zwingen, a, u, force, oblige.

zwiſchen, between; among.

zwölf, twelve.